Deutsch mit Olli 3

Sprachbuch

erarbeitet von
Christine Kröner, Kathrin Lattus,
Heidrun Rebenstorff, Alexandra Thiel,
Lisa Wegerle, Maike Wilken

mit Illustrationen von
Christian Bartz, Petra Eimer,
Manuela Ostadal

Cornelsen

Inhalt

Start 4

1 Schule gemeinsam gestalten 12

2 Einfach tierisch! 24

3 Andere Länder und Sprachen 36

4 Vorhang auf! 48

5 Früher und heute 60

6 Freizeit und Medien 72

7 Mit viel Fantasie 84

8 Überall Wasser? 96

Methoden und Strategien 108

Wörterliste 117

 Findest du die Bilder in den Kapiteln wieder?

Inhalt

Ich bin Olli.
Hier zeige ich dir, was es in deinem Sprachbuch gibt.

Diese fünf **Strategien** helfen dir, Wörter richtig zu schreiben.

Merkkästen enthalten Regeln und Beispiele.

> **Nomen** schreibe ich **groß**.
> **K**ind, **P**apagei, **B**lume, **F**enster

Auf der **Grammatikkarte** findest du alles Wichtige auf einen Blick.

Mit den **Lernwörtern** kannst du auf verschiedene Arten üben, zum Beispiel abschreiben, ordnen …

Auf den **Ankerseiten** findest du viele Tipps und Hinweise.
Hier werden dir auch die Strategien noch einmal erklärt.

In der **Wörterliste** kannst du nachschlagen, wie Wörter geschrieben werden.

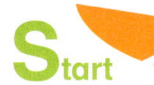

Zurück aus den Ferien

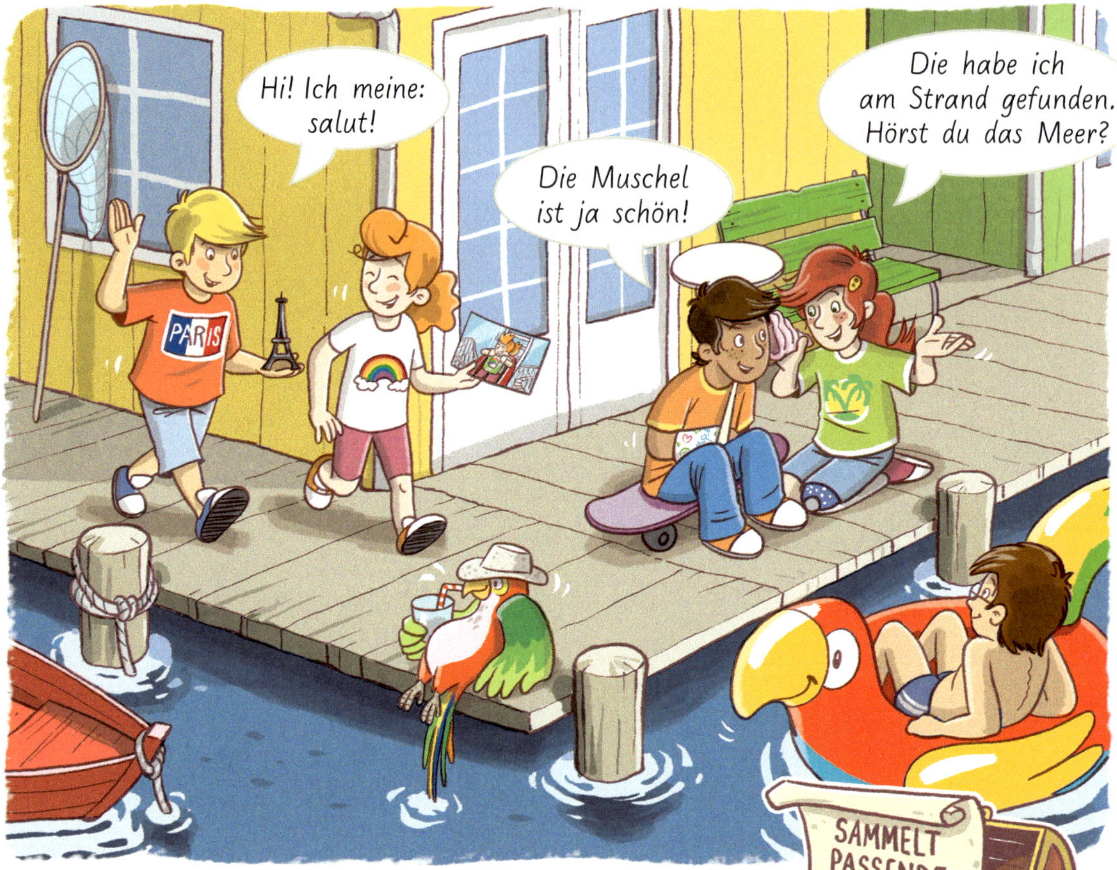

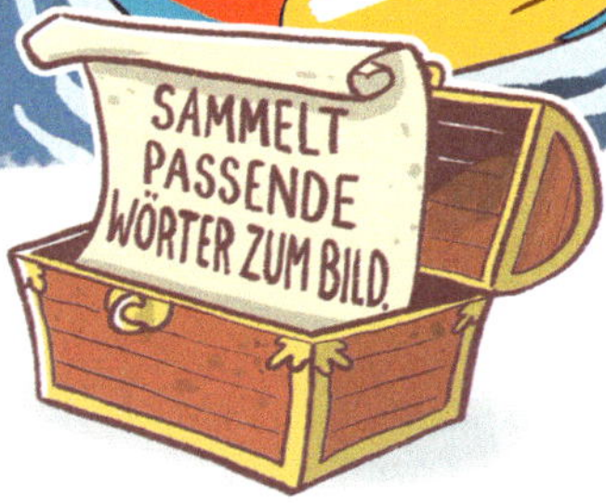

1 Was erfährst du über die Ferien-Erlebnisse der Kinder?

2 Wie waren deine Ferien? Was war besonders schön? Was war nicht so schön?

3 Wohin möchtest du gerne einmal reisen? Was möchtest du erleben?

Erinnerungsstücke heißen auch Souvenirs. Welche Ferien-Souvenirs hast du?

über die Ferien und über Wünsche sprechen; Wörter zum Bild sammeln, den Wortschatz erweitern; eigene Erfahrungen und Ideen einbringen und sich zu Gedanken anderer äußern

Texte verfassen

Über die Ferien schreiben

1 Lies die Texte. Ordne jeden Text einem Kind von Seite 4 zu.

Ich habe eine tolle Muschel gefunden. Im Internet habe ich viel über Muscheln gelesen. Muscheln sind Tiere. Sie leben meist im Meer. Ihre Schale besteht aus zwei Hälften.

Mein Ferien-Rätsel
Mein Lieblingsding ist flach und leicht gebogen. Es hat vier kleine Räder. Die ganzen Ferien bin ich damit über unseren Hof geflitzt.

Packen
Abenteuer
Reise
ICE
Sonne

Ein Gedicht in dieser Form heißt **Akrostichon**.

14.08.2021
In den Ferien waren wir im Freizeitpark. Vor der neuen Achterbahn mussten wir lange anstehen. Als der Wagen langsam losfuhr, hatte ich ein bisschen Angst. Oben gab es dann einen kurzen Ruck und wir rasten los. Ich schrie so laut ich konnte. Am liebsten wäre ich gleich noch mal gefahren.

2 Wähle ein Wort aus, zum Beispiel **Ferien**, **Reise** oder **Ausflug**.
Schreibe ein Akrostichon. Die Wörter im Kasten können dir helfen.

Auto · **A**ugust · **A**bend	**L**agerfeuer · **L**achen · **L**esen
Erlebnis · **E**nglisch · **E**is	**N**atur · **N**eugier · **N**acht
Familie · **F**lug · **F**reunde	**R**adfahren · **R**ucksack · **R**egen
Garten · **G**eheimnis · **G**lück	**S**paß · **S**trand · **S**piele
Internet · **I**nsel · **I**nliner	**U**-Bahn · **U**nwetter · **U**rlaub

3 Schreibe einen kurzen Text über deine Ferien.
Die Beispiele aus **1** können dir helfen.

Lege ein Geschichtenheft an, in das du kleine Geschichten schreibst.

Sprache untersuchen

Wortarten erkennen

1 Erinnert euch: Woran erkennt ihr Nomen, Verben und Adjektive?

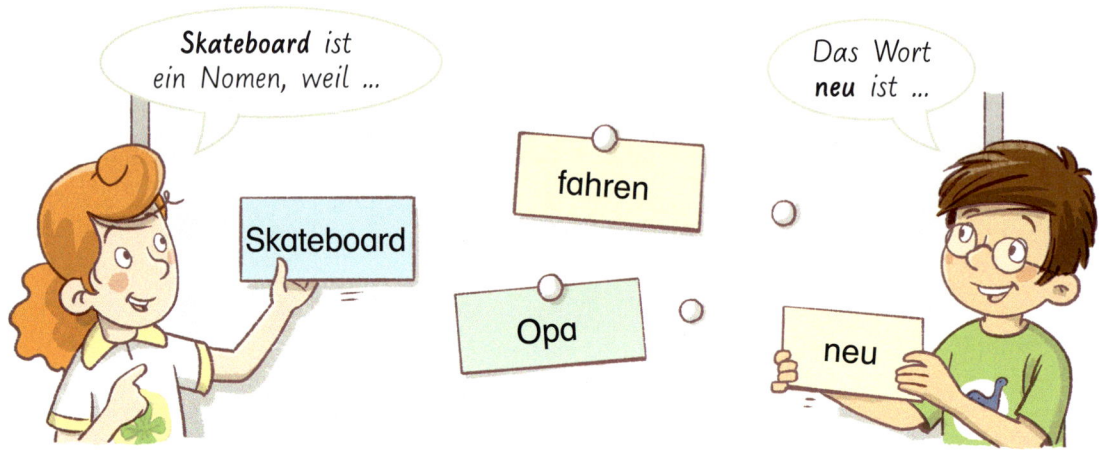

2 Schreibe die Nomen, Verben und Adjektive geordnet auf.

Nomen: *Strand, ...*
Verben: *spielen, ...*
Adjektive: *...*

Strand • spielen • sonnig • Muschel
schwimmen • weich • Zug • hübsch
Himbeereis • wandern • helfen • laut

3 Schreibe die Sätze ab. 108
Unterstreiche Nomen blau, Verben rot und Adjektive grün:
Im Sommer fahren wir ...

Im Sommer fahren wir zu meinem Opa.
Er wohnt an einem großen See. Dort schlafen
wir in einem gemütlichen Wohnwagen.
Am Abend grillen wir oft leckere Maiskolben, Brot und
kleine Würstchen. Das Essen duftet immer herrlich.

Es sind neun Nomen, fünf Verben und fünf Adjektive.

4 Schreibe eigene Sätze mit Nomen, Verben und Adjektiven.
Lasse dein Partnerkind die Wortarten farbig unterstreichen.

Nomen, Verben und Adjektive (im Satzkontext) erkennen; eigene Sätze schreiben

Sprache untersuchen

Verschiedene Satzarten

1 Lest die Sprechblasen. Welche Satzzeichen fehlen?

2 Schreibe die Sätze aus ❶ geordnet auf. Ergänze die Satzzeichen.
Aussagesatz: Das Skateboard ...
Fragesatz: ...
Aufforderungssatz oder Ausruf: ...

3 Schreibe den Text richtig auf. Setze die passenden Satzzeichen ein. Markiere den Satzanfang und das Zeichen am Satzende.
Hallo Sami, ...

Hallo Sami,
bist du gut nach Hause gekommen ★
Ich bin auf dem Rückweg mit dem Skateboard
hingefallen ★ Aua, das hat wehgetan ★
Morgen wollen wir trotzdem wieder in den Park
gehen ★ Kommst du mit ★

4 Was könnten die Kinder in ❶ noch sagen, rufen oder fragen?
Schreibe Sätze und markiere die Zeichen am Satzende.

Richtig schreiben

Nach dem 1. und 2. Buchstaben ordnen

1 Welche Buchstaben fehlen?
Schreibe die Buchstaben auf: ABCDEF, ...

2 Ordne die Wörter nach dem Alphabet.
Markiere die Anfangsbuchstaben: Birne, ...

  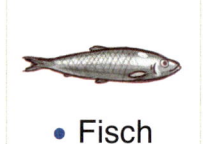  

• Moos • Kirche • Fisch • Nest • Birne

3 Ordne die Wörter nach dem Alphabet: alt, Angel, ...

arm • Angel • alt   etwas • ein • Ecke • entdecken

blau • baden • brav   warm • Wolke • witzig • Welt

4 Finde die Wörter in der Wörterliste und schreibe sie auf.
a) Ente, ...   b) ...

a) alle Tiere mit **E**
b) alle Wochentage mit **S**
c) fünf Verben mit **b**
d) alle Adjektive mit **l**

Wähle ein Wort in der Wörterliste und nenne es deinem Partnerkind. Nun sucht dein Partnerkind das Wort in seiner Wörterliste. Es sagt dir, welches Wort davor und welches danach kommt. Wechselt euch ab.

*Vor **Papagei** steht ...*

das Alphabet üben; Wörter nach dem Alphabet ordnen; in der Wörterliste nachschlagen

Richtig schreiben

Mit Strategien richtig schreiben

1 Schreibe nur die Wörter mit zwei Silben auf.
Schreibe so: rennen, ...

2 Schreibe die Sätze richtig auf.
Die Kinder schreiben ...

> Nomen und Satzanfänge schreibst du groß.

DIE KINDER SCHREIBEN EINE GESCHICHTE.
MILA LACHT LEISE. IHR TEXT IST SO LUSTIG.
STOLZ ZEIGT MILA IHREN TEXT DER LEHRERIN.

3 Schreibe die verwandten Wörter richtig auf.
Markiere **ä/a** und **äu/au**: träumen – der Traum, ...

| tr★men • sie f★hrt • der K★fer | der Traum • fahren • laufen |
| er tr★gt • du l★fst • die Z★hne | der Zahn • tragen • kaufen |

4 Verlängere die Wörter.
Schreibe so: der Korb – viele Körbe, ...

| b oder p? | d oder t? | g oder k? |

 der Kor★    das Pfer★    der We★

 das Sie★    der Hu★   der Zwer★

Schreibe lustige Sätze. Benutze nur Wörter von dieser Seite.

Üben und nachdenken

Meine Trainingsseiten

1 Lies den Text. Was fällt dir auf?

Naomis Familie besucht einen **großen Freizeitpark.**
zuerst gehen sie zur achterbahn. diese ist ziemlich hoch.
in naomis bauch kribbelt es. das fühlt sich lustig an.
danach fahren sie mit der blauen wildwasserbahn. alle werden nass.
gut, dass heute die sonne scheint.

2 Schreibe den Text richtig auf. Achte auf die Groß- und Kleinschreibung. *Naomis Familie …*

> So arbeitest du in jedem Kapitel mit dem blauen **Trainingssatz**:
> 1. Schreibe den Satz ab.
> 2. Untersuche jedes Wort auf Stolperstellen und markiere sie.
>   *Naomis Familie besucht …*
> 3. Schreibe passende Strategien unter die Stolperstellen.
>   *Naomis Familie besucht …*
> 4. Unterstreiche Nomen blau, Verben rot und Adjektive grün.
>   *Naomis Familie besucht …*

3 Finde im Text alle Wörter, die mit **B/b** beginnen. Ordne sie nach dem Alphabet. *Bauch, …*

4 Untersuche den blauen Trainingssatz.

Der Trainingssatz ist immer richtig geschrieben.

das Rätsel	klettern, er klettert	doof	links
das Schloss	raten, er rät	toll	rechts
die Stadt	schwimmen, sie schwimmt		weg
die Temperatur			

 Buchstabiere die Lernwörter aus dem Kopf. Dein Partnerkind kontrolliert.

Üben und nachdenken

Quer durch das Kapitel

Blättere zurück und finde die Antworten.

Beantworte die Fragen in ganzen Sätzen.
Schreibe die Antworten in dein Heft.

a) Erinnerungsstücke aus den Ferien heißen …

a) Wie heißen Erinnerungsstücke aus den Ferien?

b) „Möchtest du mich heute besuchen?" ist eine …

c) Was hat Mila aus dem Urlaub mitgebracht?

d) Das Verb **träumen** kommt von …

e) Was ist ein anderes Wort für das **ABC**?

f) Welche drei Wörter sind deine Lieblingswörter aus dem Kapitel?

g) Welcher Text oder welches Bild hat dir am besten gefallen?

Das haben wir gelernt

- Ich kann schon gut …
- Ein Ausrufezeichen setze ich …
- Wie erkenne ich Adjektive?
- Das wusste ich noch aus der 2. Klasse: …
- Dieses Thema habe ich noch nicht verstanden: …
- …

Sprechen und zuhören

Schule gemeinsam gestalten

1. Warum ist Sami aufgeregt?
   Was erfahrt ihr über die Klassensprecherwahl?

2. Welche Aufgaben hat ein Klassensprecher oder eine Klassensprecherin bei euch?

3. **Was** könnt ihr an eurer Schule oder in eurer Klasse mitbestimmen?
   Wie könnt ihr mitbestimmen?

- Überlegt, was ihr in der Klasse gemeinsam entscheiden wollt.
  Tauscht Argumente aus und stimmt ab. Denkt an die Gesprächsregeln.

Sprechen und zuhören

Mimik und Gestik einsetzen

1 Lies den Text. Dann sieh dir die Mimik und Gestik der Kinder an. Wie wirken die Kinder auf dich? Warum ist das so?

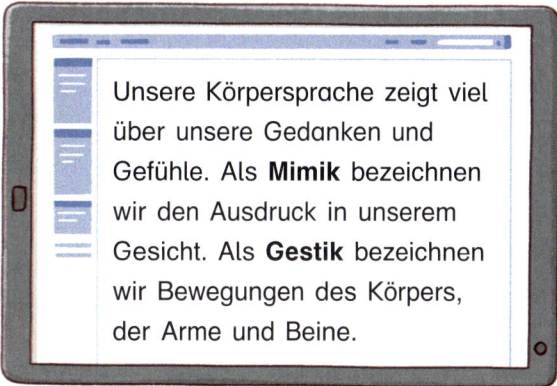

Unsere Körpersprache zeigt viel über unsere Gedanken und Gefühle. Als **Mimik** bezeichnen wir den Ausdruck in unserem Gesicht. Als **Gestik** bezeichnen wir Bewegungen des Körpers, der Arme und Beine.

2 Probiert aus: Könnt ihr die Sätze nur mit Mimik und Gestik zeigen? Lest zuerst alle Sätze. Spielt einen Satz vor. Das andere Kind rät.

Ich bin die Beste!

Schade, ich bin nicht gewählt worden.

Hurra, ich habe gewonnen!

Stopp! Ich will das nicht!

Wählt mich!

Ich habe Angst!

3 Lies die Bewerbungsrede von Sami. Sprich die Sätze und überlege, wie du sie mit Mimik und Gestik unterstützen kannst. 115

Ich möchte Klassensprecher werden.
Ich bin **freundlich**.
Ich kann gut zwischen der Lehrerin
und den Kindern vermitteln.
Wenn ihr mich wählen würdet,
wäre ich sehr **stolz**.

4 Trage Samis Rede vor der Klasse vor.

über die Wirkung von Mimik und Gestik sprechen; Sätze mit Mimik und Gestik nachstellen; einen Text vortragen

Texte verfassen

Eine Geschichte ordnen

1 Lest die Teile der Geschichte. Bringt die **Einleitung**, den **Hauptteil** und den **Schluss** in die richtige Reihenfolge. Achtung: Ein Teil passt nicht.

Geschichten brauchen einen roten Faden.

> Leider habe ich nicht so viele Stimmen bekommen, aber im nächsten Jahr versuche ich es noch mal.

> Zuerst haben sich die Kinder gemeldet, die gerne Klassensprecher werden wollten. Ich habe mich auch gemeldet. Dann sollten wir uns überlegen, warum wir für das Amt gut geeignet sind. Am nächsten Tag haben wir uns in der Schule mit einer kleinen Rede beworben. Bei dem Vortrag war ich ziemlich aufgeregt. Als wir die Stimmen ausgezählt haben, war die Spannung riesengroß.

> Am Ende des Schuljahres machen wir mit der Klasse immer einen großen Ausflug.

> Zu Beginn des Schuljahres haben wir in unserer Klasse die Klassensprecher gewählt.

2 Schreibe die Geschichte aus ❶ geordnet auf. Markiere die Einleitung gelb, den Hauptteil grün und den Schluss rot.
Zu Beginn …

3 Finde zu der Geschichte aus ❶ eine passende Überschrift, die neugierig macht, aber nicht zu viel verrät.

Texte verfassen

Eine Einleitung schreiben

1 Erzählt zu den Bildern eine Geschichte.

2 Schreibe zu der Geschichte in ① eine Einleitung.
Wähle dazu zu jedem Fragewort eine Möglichkeit aus.

Wann?   am Anfang des Schuljahres • am Montag • im Herbst
Wer?   die Klasse 3a • unsere Klasse • die Kinder der Klasse 3b
Was?   Ausflug • Wandertag • Tour • Wanderung
Wo?   Kletterwald • Hochseilgarten • Abenteuerpark

> Mit der **Einleitung** führst du in deine Geschichte ein.
> Die Einleitung sollte kurz sein und die **W-Fragen** beantworten:
> **W**ann und **w**o spielt die Geschichte? **W**er sind die Hauptpersonen?
> **W**as passiert?

Wann? Wo? Wer? Was?

3 Überprüfe deine Einleitung: Markiere die Antworten zu den vier W-Fragen in verschiedenen Farben.

4 Schreibe die Geschichte zu Ende.

5 Besprecht eure Geschichten in einer Schreibkonferenz.  113

Sprache untersuchen

Wortstamm und Wortfamilie

1 Schreibe den Text ab. Markiere alle Wörter der Wortfamilie **trinken**.
Trinken in der Schule
Die Kinder …

Trinken in der Schule
Die Kinder diskutieren über Trinkgewohnheiten
im Unterricht. Darf man im Unterricht trinken?
Und welches Getränk wäre geeignet?
Die meisten Kinder mögen Saft und haben
schon mal Limo oder Cola getrunken. Wir einigen uns,
dass eine Trinkflasche mit Wasser in der Schule gesünder ist.

Wörter mit dem gleichen Wortstamm gehören zu einer **Wortfamilie**.
Manchmal verändert sich der Wortstamm in einer Wortfamilie.
lesen: das **Les**ebuch, er **lies**t, sie **las**, …

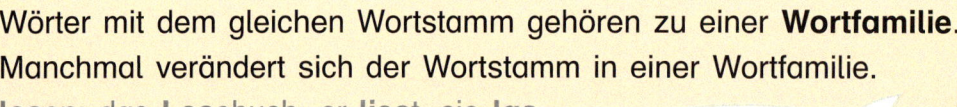

Der Wortstamm kann dir helfen, Wörter richtig zu schreiben.

2 Ordne die Wörter auf den Blättern nach ihrem Wortstamm.
Markiere den Wortstamm.
Lach/lach: du lachst, …   Schreib/schreib: er schrieb, …

einen Text abschreiben und Wörter einer Wortfamilie markieren; Wörter nach ihrem Wortstamm ordnen

Sprache untersuchen

3 Schreibe die Wörter der Wortfamilie **Zahl** richtig auf.
Markiere den Wortstamm: zäh<u>l</u>en, ...
Achtung: Ein Wort passt nicht.

zä★len	die Za★l	der Za★lenstrahl	za★lreich
verzä★len	za★llos	der Abzä★lvers	erzä★len
die Anza★l	der Za★n	auszä★len	zä★lbar

4 Schreibe die Wörter der Wortfamilie **stellen** richtig auf.
Markiere Wortstamm und Stolperstelle wie im Beispiel:
Wortfamilie ste<u>ll</u>en: beste<u>ll</u>en, das ...

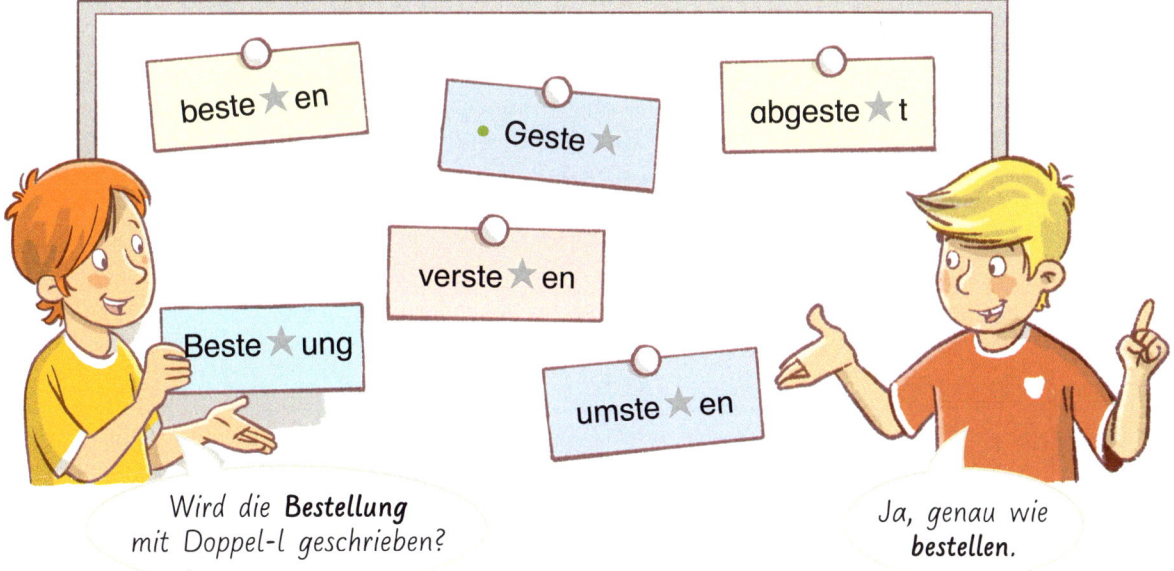

Wird die **Bestellung** mit Doppel-l geschrieben?

Ja, genau wie **bestellen**.

5 Finde möglichst viele Wörter aus der Wortfamilie **fallen**.
Markiere den Wortstamm und die Stolperstelle.
fa<u>ll</u>en, ...

Wer findet in fünf Minuten die meisten Wörter aus der Wortfamilie **laufen**?

Sprache untersuchen

Grundform und Personalformen von Verben

1 Lies den Text. Schreibe das Verb **schreiben** in allen Personalformen ab. Markiere, was sich verändert.

schreiben: ich schreibe, ...

Schreiben

Ich **schreibe** eine Geschichte.
Du **schreibst** ein schönes Gedicht.
Er **schreibt** einen Liebesbrief.
Wir **schreiben** jeden Montag in der ersten Stunde.
Ihr **schreibt** bestimmt auch so gerne.
Sie **schreiben** sogar nachts.

Ich schreibe am liebsten mit Feder und Tinte.

Verben verändern sich, je nachdem, wer etwas tut oder was geschieht.
Verben können in der **Grundform** oder in einer **Personalform** stehen.

lern**en**:   ich lern**e**, du lern**st**, er lern**t**, ...
regn**en**:   es regn**et**

Grundform   Personalformen

---

2 Bilde mit den Wortstämmen die Personalformen der Verben.
Markiere immer den Wortstamm und die verschiedenen Endungen.

ich renne, du rennst, er/sie/es ...

renn
mal
sing
lach

en   t   st
e   t   en

Sprache untersuchen

3 Schreibe den Text aus ❶ ab. Ersetze **schreiben** durch die passenden Formen von **lesen**.
Markiere den Wortstamm und die verschiedenen Endungen.

Lesen
Ich lese eine ...

| liest |
| liest |
| lesen | lesen |
| lese | lest | lesen |

Bei manchen **Verben** verändert sich bei den Personalformen der **Wortstamm**.
s<u>e</u>hen: ich s<u>e</u>he, du s<u>ieh</u>st, er s<u>ieh</u>t, ...
f<u>a</u>ngen: ich f<u>a</u>nge, du f<u>ä</u>ngst, er f<u>ä</u>ngt, ...

Beim Nachschlagen suchst du immer die Grundform.

---

4 Finde die Grundform zu den Personalformen.
Markiere, was sich im Wortstamm verändert.
sie spricht – sprechen, ...

sie spricht • sie läuft • er hat
er gräbt • er fährt • du hilfst

es schmilzt • du gibst • sie isst
sie nimmt • du wirfst • es verdirbt

5 Schreibe den Tagebucheintrag ab. Setze die Verben in der richtigen Personalform ein. Kontrolliere mit der Wörterliste. *Es ist ...*

Es ▊ (sein) ein tolles Gefühl, dass ich zur Klassensprecherin gewählt wurde. Mein Selbstvertrauen ▊ (wachsen) von Tag zu Tag und ich ▊ (sein) auch nicht mehr so aufgeregt wie am Anfang. Als Klassensprecherin ▊ (können) ich anderen Kindern helfen. Das ▊ (gefallen) mir am meisten. Außerdem ▊ (dürfen) ich unsere Klasse bei Versammlungen vertreten.

Richtig schreiben

Lange und kurze Selbstlaute

1 Welche Instrumente machen lange Geräusche?
Welche machen kurze Geräusche? Macht ein Geräusche-Quiz.

Wie klingt die Triangel?

Die Triangel klingt lang.

2 Schreibe die Wörter ab. Markiere die langen und die kurzen Selbstlaute.

Schule, Hund, ...

| Schule · Hund · bunt | Brot · Hose · Rost |
| Schal · Tafel · Platz | rennen · rechnen · lesen |

Brot ... Wenn ich mit meinem Flügel bis zur Spitze komme, klingt es lang.

Selbstlaute (Vokale) können lang oder kurz klingen. Nach einem kurzen Selbstlaut folgen mindestens zwei Mitlaute (Konsonanten).
der Schal – nachts, der Esel – der Enkel, der Fuß – kurz

3 Schreibe die Wörter in eine Tabelle.
Markiere die langen und kurzen Selbstlaute in der ersten Silbe.
Überprüfe, ob bei allen kurzen Selbstlauten zwei oder mehr Mitlaute folgen.

| lange Selbstlaute | kurze Selbstlaute |
| die Vase, ... | der Ball, ... |

lange und kurze Selbstlaute unterscheiden und markieren;
Wörter mit langen und kurzen Selbstlauten geordnet aufschreiben

Richtig schreiben

Doppelte Mitlaute

> Bei einem kurzen Selbstlaut kann ich nur kurz auf den Schnabel tippen.

1 Schreibe die Reimpaare auf.
Schreibe so: Gru‿ppe – Pu‿ppe, ...

Gruppe –    Tanne –    Stamm –

Keller –    Klasse –    Affe –

Doppelte Mitlaute (Konsonanten) folgen nur nach einem kurzen Selbstlaut. der Ba̦ll, ne̦tt, ti̦ppen, der So̦mmer, der Ku̦ss

---

2 Präge dir die Wörter aus einem Kasten gut ein. Dann decke den Kasten ab. Schreibe möglichst viele Wörter auswendig auf. Kontrolliere deine Schreibung. *Löffel, Treppe, ...*

| Löffel • Treppe • Hummel • Sommer | kennen • rollen • fallen • messen |
| Wetter • Donner • Gewitter | klappen • kämmen • küssen |

3 Schreibe den Text ab. Setze die Wörter passend ein.
Als Streitschlichter kann ich ...

Als Streitschlichter ___ ich vielen Kindern helfen.
___ zwei Kinder auf dem Schulhof streiten, spreche ich mit ihnen. Ich frage sie, ob ich ihnen helfen ___.
___ suchen wir Ideen, wie sie sich wieder vertragen können.
Manchmal ___ ich eine Lehrerin oder einen Lehrer um Hilfe bitten.

dann • soll • kann
wenn • muss

4 Lest die Wortpaare. Besprecht, was die Wörter bedeuten.

der Schal – der Schall   der Wal – der Wall   die Hüte – die Hütte

Üben und nachdenken

Meine Trainingsseiten

1 Lies den Text. Welche Pausenregeln gibt es?

Alle neuen Klassensprecherinnen und Klassensprecher treffen sich nach der **Pause.** Sie wollen Regeln für den Pausenhof besprechen. Jedes Kind sagt seine Ideen dazu. Wie viele Kinder dürfen gleichzeitig auf das Klettergerüst? Muss man auf der großen Schaukel sitzen? Am Ende stimmen die Kinder ab.

2 Schreibe den Text ab. Markiere alle doppelten Mitlaute. *Alle ...*

Finde im Text drei Verben. Schreibe sie in allen Personalformen auf.
treffen: ich treffe, du ...

Kannst du Englisch?
Ordne passend zu.
rain – der Regen, ...

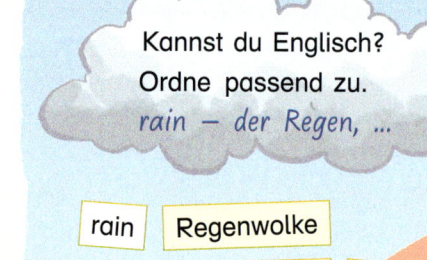

rain — Regenwolke
rainbow — der Regen
rain cloud — regnen
rainy — der Regenbogen
(to) rain — regnerisch

3 Schreibe fünf Wörter mit dem Wortstamm **Les/les** auf.

Erkennst du die Wortfamilie?

LERNWÖRTER

die Stimme	krabbeln, er krabbelt	fair	wann
der Tipp	stimmen, es stimmt	nett	wenn
die Treppe	tippen, sie tippt	schlimm	
der Unterricht			

Schreibe die Lernwörter auf Klebezettel und hänge sie auf. Mache nun ein Laufdiktat.

Üben und nachdenken

Blättere zurück und finde die Antworten.

Quer durch das Kapitel

Beantworte die Fragen in ganzen Sätzen.
Schreibe die Antworten in dein Heft.

a) Das Wort ...

a) Welches Wort auf Seite 17 passt nicht?

b) Welche Laute können lang oder kurz klingen?

c) Wie heißt der Ausdruck in deinem Gesicht?

d) An welchem Wochentag schreiben die Kinder?

e) Womit führst du in deine Geschichte ein?

f) Welche drei Wörter sind deine Lieblingswörter aus dem Kapitel?

g) Welcher Text oder welches Bild hat dir am besten gefallen?

Das haben wir gelernt

Wörter mit dem gleichen Wortstamm ...

Verben können ...

Mit einer Einleitung ...

In diesem Kapitel hat mir ... am besten gefallen.

Was bedeutet noch mal **Mimik**?

2 Sprechen und zuhören

Einfach tierisch!

> Seht mal, das Eichhörnchen sammelt Vorräte für den Winter.

> Habt ihr den Igel gesehen?

> Manchmal brauchen Igel Hilfe.

SAMMELT PASSENDE WÖRTER ZUM BILD.

1. Welche Tiere entdeckst du auf dem Bild? Wo leben sie?

2. Hat Ela recht? Diskutiert.

3. Wählt zwei Tiere aus dem Bild aus. Findet heraus, was die Tiere im Herbst oder Winter tun. Erzählt.  114

Welche Tiere hast du schon einmal fotografiert?

über verschiedene Tiere sprechen; Wörter zum Bild sammeln, den Wortschatz erweitern; eigene Erfahrungen und Ideen einbringen und sich zu Gedanken anderer äußern; sich über Tiere informieren und darüber sprechen

Sprechen und zuhören

Über einen Hörtext sprechen  116

1 Was weißt du über die beiden Tiere?
Tausche dich mit einem Partnerkind aus.

2 Hör dir den Text über die Maus oder den Igel an.

Die Maus

Der Igel

3 Lies dir die Fragen genau durch.
Was kannst du schon beantworten?

a) Von welchem Tier handelt der Text?
b) Wie viele Arten gibt es?
c) Wo lebt das Tier?
d) Was frisst das Tier?
e) Wie viel wiegt das Tier bei der Geburt?
f) Was erfährst du noch über das Tier?

4 Hör dir den Text ein zweites Mal an.
Achte auf die noch offenen Fragen.
Dann beantworte die Fragen.
a) ... b) ...

Du kannst den Text auch öfter hören.

 Nehmt Hörtexte für die Klasse auf. Überlegt euch Fragen dazu.

über Mäuse und Igel sprechen; einen Hörtext hören und Fragen zum Text beantworten; eigene Hörtexte aufnehmen;
Hörtexte können über die kostenlose BuchTaucher-App abgespielt werden; Audio-Dateien bzw. Transkription
s.a. Handreichungen für den Unterricht und Unterrichtsmanager

Texte verfassen

Einen Steckbrief schreiben

1 Lies den Text. Achte auf die markierten Informationen.

Der Europäische Biber

Biber sind Nagetiere. Der **Europäische Biber** wird 80 bis 102 cm lang (ohne Schwanz). Seine Schwanzflosse misst bis zu 35 cm. Biber wiegen zwischen 23 und 30 kg.
5 Sie können bis zu 20 Jahre alt werden.

Das meist braune Fell des **Europäischen Bibers** ist sehr dicht und schützt vor Kälte und Nässe. Mit seinem platten, breiten Schwanz und den Schwimmhäuten kann der Biber gut schwimmen. Beim Tauchen werden Nase und Ohren verschlossen.
10 Deshalb können Biber bis zu 20 Minuten tauchen.

Biber sind nachtaktiv und reine Pflanzenfresser. Sie haben scharfe Zähne. Von Bäumen fressen sie gern die Rinde und die Blätter. Biberfamilien leben in einer Biberburg. Diese besteht aus Ästen und Schlamm. Der Eingang zur Burg liegt unter Wasser.
15 Biber sind geschützte Tiere und dürfen nicht gejagt werden.

Nachts bin ich nicht aktiv, da schlafe ich.

2 Schreibe den Steckbrief zum Biber ab.
Ergänze die fehlenden Informationen mit Hilfe des Textes.

Steckbrief: Der Europäische Biber
Größe: …

Steckbrief:

Der Europäische Biber

Größe: *80 bis 102 cm (ohne Schwanz)*

Gewicht: *23 bis 30 kg*

Alter: ▪   Aussehen: ▪

Nahrung: ▪   Besonderheiten: ▪

einen Sachtext lesen; markierte Informationen entnehmen und einen Steckbrief zum Biber schreiben

Texte verfassen

3 Lies den Text. Schreibe einen Steckbrief über den Dachs.

Der Europäische Dachs

Dachse sind Raubtiere. Sie gehören zur Familie der Marder.

Der **Europäische Dachs** wird 64 bis 88 cm lang (ohne Schwanz).
5 Sein Schwanz ist 11 bis 18 cm lang. Das Gewicht des Dachses beträgt zwischen 7 und 14 kg. Ein Dachs kann bis zu 15 Jahre alt werden.

Das Fell des **Europäischen Dachses** ist meist graubraun.
10 Auffällig sind seine schwarz-weißen Streifen am Kopf. Sein Lebensraum sind vor allem Laub- und Mischwälder. Selten sieht man Dachse in Wohngebieten.

Dachse fressen Beeren und Feldfrüchte, aber auch Insekten, Regenwürmer und
15 andere Kleintiere. Dachse sind nachtaktiv.

Dachsfamilien wohnen unter der Erde in einem Dachsbau. Ein Dachsbau besteht aus langen Tunneln und mehreren Wohnkesseln.
20 Der Bau wird von den Dachsfamilien immer weiter ausgebaut.

Einige Dachse halten Winterruhe, die einige Tage bis mehrere Monate dauern kann.

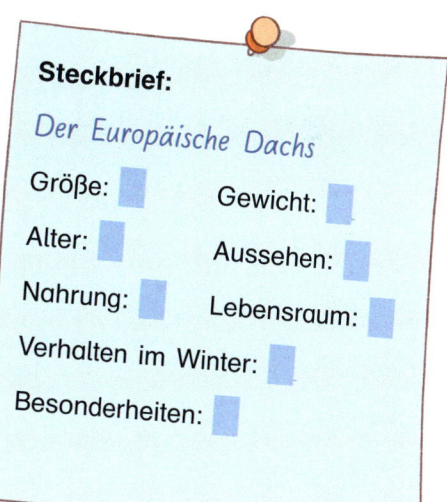

Steckbrief:
Der Europäische Dachs
Größe: Gewicht:
Alter: Aussehen:
Nahrung: Lebensraum:
Verhalten im Winter:
Besonderheiten:

4 Schreibe einen Steckbrief zu deinem Lieblingstier. Informiere dich in Büchern oder im Internet. 114

 Findet heraus, welche Tiere noch nachtaktiv sind.

Sprache untersuchen

Nomen erkennen

1 Finde im Text alle Nomen.
Was haben sie gemeinsam?

ZUERST STELLT SICH DER ESEL HIN.
AUF DEN GRAUEN ESEL KLETTERT DER HUND.
AUF DEM ALTEN HUND KRALLT SICH
DIE KATZE FEST. AUF DER MÜDEN KATZE
BALANCIERT DER HAHN.
DER BUNTE HAHN
BEFINDET SICH
GANZ OBEN.

Kennst du das Märchen?

Die Bremer Stadtmusikanten

2 Schreibe den Text aus ❶ richtig auf.
Markiere alle Nomen.
Zuerst stellt sich der  *...*

3 Ordne die Nomen nach Menschen, Tieren, Pflanzen und Dingen.
Schreibe sie mit dem bestimmten Artikel auf.

Menschen: ...
Tiere: die Amsel, ...
Pflanzen: ...
Dinge: ...

> die Amsel • das Gras • die Möwe • das Glas
> die Fichte • der Nachbar • die Qualle • der Mann
> der Käfig • das Zelt • die Kiefer • die Ärztin

4 Schreibe die Nomen aus ❸ in der Einzahl und in der Mehrzahl auf.
Schreibe so: *eine Amsel – viele Amseln, ...*

5 Denkt an ein anderes Märchen. Welche Menschen, Tiere, Pflanzen
oder Dinge kommen darin vor? Schreibt auf.
In dem Märchen gibt es ...

Sprache untersuchen

Nomen für Gefühle

1 Überlegt, welche Gefühle die Kinder auf den Bildern haben. Spielt die Gefühle nach.

2 Schreibe die Sätze ab. Setze die Nomen passend ein. *Wenn ich …*

Wenn ich vor ▢ platzen könnte, bin ich sehr angespannt und im Gesicht ganz rot.
Wenn ich ▢ habe, dann schlottern meine Knie und meine Zähne klappern.
Wenn ich große ▢ empfinde, dann lacht mein Mund und meine Augen strahlen.
Wenn ich ▢ verspüre, rolle ich mit den Augen oder unterdrücke ein Gähnen.

• Freude
• Langeweile
• Wut
• Angst

Das sind abstrakte Nomen.

> **Namen für Gefühle** sind **Nomen** (Substantive).
> Nomen schreibe ich groß: die **F**reude, das **G**lück, der **S**chmerz

3 Ordne Nomen und Adjektive passend zu. *die Liebe – liebevoll, …*

die Liebe • der Ekel • die Geduld
der Schreck • der Schmerz

geduldig • liebevoll • ekelig
schmerzhaft • schrecklich

Schreibe auf, wann du „vor Wut platzen" könntest oder was dich „vor Freude in die Luft springen" lässt.

Sprache untersuchen

Adjektive mit ig und lich

1 Lest den Text. Findet alle acht Adjektive. Was haben sie gemeinsam?

Herr Dachs geht spazieren
Die Nacht ist ruhig. Herr Dachs geht friedlich im Wald spazieren. An einer Lichtung trifft er die Maus. Sie begrüßen sich herzlich und führen eifrig ein Gespräch. Auf einmal wird es sehr windig und es beginnt, kräftig zu regnen. Wie ärgerlich! Herr Dachs verabschiedet sich freundlich und geht wieder nach Hause.

> Wörter mit den Endungen **ig** und **lich** sind Adjektive.

Mit den Wortbausteinen **ig** und **lich** kann ich aus Nomen **Adjektive** bilden.
die Sonne – sonn**ig**, das Glück – glück**lich**, die Angst – ängst**lich**

2 Schreibe die Adjektive aus **1** in eine Tabelle. Markiere **ig** und **lich**.

ig	lich
ruhig, ...	friedlich, ...

3 Ordne Nomen und Adjektive passend zu. *die Angst – ängstlich, ...*

die Angst • der Hunger • die Gefahr
der Schmutz • die Lust • die Sonne

gefährlich • ängstlich • lustig
hungrig • sonnig • schmutzig

4 Bilde Adjektive mit Hilfe der Wortbausteine **ig** und **lich**.
Schreibe die Sätze so auf: *Schuhe werden oft dreckig. Ein ...*

Schuhe werden oft Dreck . Ein Strand ist Sand . Fliegenpilze sind Gift . Zu viele Hausaufgaben sind Schreck . Ich komme meist Punkt .

Richtig schreiben

Adjektive verlängern

1 Schreibe die Sätze ab. Ergänze die fehlenden Buchstaben.

Der Igel ist stacheli★. ↪ viele stacheli★e Igel
Der Bär ist star★. ↪ viele star★e Bären
Herbstblätter sind bun★. ↪ viele bun★e Herbstblätter
Kastanien sind run★. ↪ viele run★e Kastanien
Meine Jacke ist gel★. ↪ viele gel★e Jacken

> *Ich bin klug und meistens lieb.*

Wenn ich nicht weiß, ob ich ein Wort am Ende mit **b/p**, **d/t** oder **g/k** schreibe, verlängere ich das Wort.
lie**b** ↪ viele lie**b**e Kinder, run**d** ↪ viele run**d**e Kastanien, klu**g** ↪ viele klu**g**e Eulen

2 Verlängere die Adjektive. Schreibe so: *lieb ↪ viele liebe Kinder, …*

lie★    spannen★    fleißi★

gifti★   kal★ 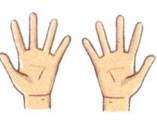   hal★

3 Schreibe den Text ab. Setze die fehlenden Buchstaben richtig ein.
Im Herbst ist es oft windig, …

Im Herbst ist es oft windi★, nass oder nebeli★.
Die Blätter an den Bäumen färben sich gel★, orange und ro★.
Viele Tiere bereiten sich fleißi★ auf den Winter vor.
Das Eichhörnchen sammelt Nüsse. Sie sind sehr gesun★.

Richtig schreiben

Merkwörter mit chs Ⓜ 112

1 Sprecht die Wörter deutlich.

der Fuchs · der Dachs · die Eidechse · der Lachs · der Luchs · der Ochse

> Wörter mit **chs** sind **Merkwörter**.
> Diese Wörter muss ich mir gut merken.
> der Fu**chs**, se**chs**, wa**chs**en

2 Schreibe die Sätze ab. Setze die Tiere aus ❶ passend ein.
Markiere **chs**. *Der Lachs ist ...*

Der ___ ist ein Fisch.
Der ___ hat rotes Fell.
Die ___ sonnt sich gerne und ist sehr flink.
Der ___ lebt auf dem Bauernhof und hat Hörner.
Der ___ ist ein Raubtier und hat sehr gute Augen.
Der ___ hat schwarz-weiße Streifen am Kopf und ist nachtaktiv.

Ich habe Augen wie ein Luchs.

3 Schreibe Sätze mit den Wörtern aus den Kästen. *Die Füchse ...*

> die Füchse · die Büchse
> sechs · wachsen · das Wachs

> das Gewächs · wechseln
> sie wächst · die Erwachsenen

Informiere dich in einer Bücherei zu den Tieren aus ❶.
Wähle ein Kinderbuch oder Sachbuch aus. Stelle es in der Klasse vor.

Richtig schreiben

Wörter mit Spr/spr und Str/str

1 Lest die Wörter. Was fällt euch auf?

- Spruch
- Sprache
- Spritze
- Sprung

sprechen
springen
spritzen
sprinten

- Strom
- Streit
- Strähne
- Strahl

streiten
streicheln
stricken
streichen

Höre ich scht, schreibe ich St/st.

2 Schreibe die Wörter aus **1** in eine Tabelle.
Markiere **Spr/spr** und **Str/str**.

Spr/spr	Str/str
der Spruch, …	der Strom, …

Höre ich schp, schreibe ich Sp/sp.

3 Setze **Spr/spr** und **Str/str** passend ein.
Schreibe den Text richtig auf.

Ein Tag am Strand
Mila, Milo und …

Ein Tag am ★and

Mila, Milo und Ela suchen Muscheln am ★and.
Nach einer Weile finden die Kinder einen ★ick.
Sie verwenden ihn als ★ingseil. Da sie nicht
★eiten wollen, ★ingen sie abwechselnd. Wer hängen bleibt oder stürzt,
muss zur ★afe einen ★uch aufsagen. Auf dem Rückweg überqueren die
Kinder die ★aße. Zufällig sehen sie, wie Sami Emil einen ★eich spielt.

4 Schreibe mindestens fünf Sätze mit den Wörtern aus **1**.

Finde weitere Wörter mit **Spr/spr** und **Str/str**.
Ein Wörterbuch kann dir helfen.

Üben und nachdenken

Meine Trainingsseiten

1 Lies den Text. Was fühlt Sami?

Glücklich sitzt Sami auf seinem Bett. Er denkt über den Tag nach. Erst war da die riesige Freude über seine gute Mathearbeit. In der großen Pause kam dann der Streit mit Emil. Sami hatte eine richtige Wut im Bauch. Zuletzt fand Sami eine liebe Nachricht von Naomi. Er konnte sein Glück kaum fassen.

2 Schreibe den Text ab. Markiere alle Adjektive. *Glücklich sitzt ...*

Vergleicht die Schriften. Findet Gemeinsamkeiten und Unterschiede.

3 Finde im Text drei Nomen für Gefühle. Schreibe mit jedem Nomen einen Satz.

4 Bilde Adjektive mit Hilfe der Wortbausteine **ig** und **lich**. *die Angst – ängstlich, ...*

die Angst • die Neugier • der Fleiß
das Glück • der Schreck • der Mut

Ein chinesisches Zeichen bedeutet oft ein ganzes Wort.

LERNWÖRTER

die Geburt	springen, er springt	halb	bis
das Laub	spritzen, es spritzt	klug	fast
die Sprache	wachsen, sie wächst	wenig	nämlich
der Tod			

 Schreibe die Lernwörter ab. Wähle für jedes Wort eine andere Farbe.

Üben und nachdenken

2

Quer durch das Kapitel

> Blättere zurück und finde die Antworten.

Beantworte die Fragen in ganzen Sätzen.
Schreibe die Antworten in dein Heft.

a) Mila, Milo und Ela springen ...

a) Wo springen Mila, Milo und Ela mit dem Springseil?

b) Wer hinterlässt eine Schleimspur am Steg?

c) Welche Farbe hat das Fell des Bibers?

d) Welches Tier sonnt sich gerne und ist sehr flink?

e) Wie sind Fliegenpilze?

f) Welche drei Wörter sind deine Lieblingswörter aus dem Kapitel?

g) Welcher Text oder welches Bild hat dir am besten gefallen?

Das haben wir gelernt

> Kennst du die Strategien für gutes Zuhören?

> Wann hilft mir die Strategie „Verlängern"?

> Warum schreibe ich **Wut** groß?

> In diesem Kapitel hat mir ... am besten gefallen.

> Diese Informationen gehören in einen Steckbrief: ...

Fragen zum Kapitel beantworten; über Gelerntes nachdenken/reflektieren, verständlich sprechen und erklären, Fragen stellen, wenn man etwas nicht verstanden hat

3 Sprechen und zuhören

Andere Länder und Sprachen

Speech bubbles in illustration:
- Hi Naomi! How are you?
- I'm fine, thank you! Emily, we need your help ...
- Kann deine Cousine uns bei dem Vortrag über Irland helfen?

Sign: SAMMELT PASSENDE WÖRTER ZUM BILD.

1 Welche Sprachen sprechen die Kinder? Was sagen sie?

2 In welchen Sprachen kannst du etwas sagen?

3 Mit wem hattest du schon ein Video-Telefonat? War es auch in einer anderen Sprache?

Bereitet einen Vortrag über Irland oder ein anderes Land vor.  Wo liegt das Land? Was ist dort besonders?

 über andere Länder und andere Sprachen sprechen; englische Wörter und Sätze verstehen; Wörter zum Bild sammeln, den Wortschatz erweitern; eigene Erfahrungen und Ideen einbringen und sich zu Gedanken anderer äußern; sich über ein Land informieren

Sprechen und zuhören

Über verschiedene Schulwege sprechen

1 Seht euch die Bilder an. Wie kommen die Kinder zur Schule?

1 USA

2 Thailand

3 Kenia

4 Kambodscha

2 Sprecht über die Vor- und Nachteile der Schulwege in ❶.

> Ein Vorteil könnte sein ...

> Ein Nachteil für die Kinder ist ...

> Richtig aufregend ist ...

> Gefährlich finde ich ...

3 Informiere dich zu einem der Länder aus ❶. 114
Was erfährst du über die Schule in diesen Ländern?
Präsentiere deine Ergebnisse.

> Ich würde auf einer Drohne fliegen.

Wie würde dein Wunsch-Schulweg aussehen?
Beschreibe.

über Vor- und Nachteile verschiedener Schulwege sprechen; sich über die Schule in einem anderen Land informieren und seine Ergebnisse präsentieren, einen Wunsch-Schulweg beschreiben

Texte verfassen

Mit Sprache spielen: Gedichte schreiben

1 Seht euch die Bildgedichte genau an. Was fällt euch auf?

2 Wähle ein Wort aus. Erstelle ein eigenes Bildgedicht wie in **1**.

Glück   Wolke   Liebe   Eis   …

3 Könnt ihr dieses englische Gedicht übersetzen?

Rain, rain, go away

Rain, rain, go away.
Come again another day.
Rain, rain, go away.
Little children want to play.

4 Schreibe das Gedicht aus **3** ab. Ersetze das Wort **rain** durch ein anderes Wetter-Wort.

 wind    snow    fog

Texte verfassen

Satzanfänge überarbeiten

1 Lest die Geschichte. Was fällt euch auf?

> Die Reise des Kobolds
> Auf dem Weg nach Hause hört der kleine Kobold
> Geräusche aus dem Wald. Was mag das wohl sein?
> Es ist ein Sack voll klimperndem Gold. Dann nimmt
> der Kobold den Sack auf seine Schultern.
> Dann sieht er sich um, ob ihn auch niemand beobachtet.
> Dann läuft der Kobold los.
> Dann stürzt er und landet in einem Netz aus gestrickten
> Seilen. Dann befreit sich der Kobold.

Sofort ... Jetzt ... Nun ... Plötzlich ...

2 Sammelt passende Satzanfänge, die man statt **Dann** verwenden kann.

3 Schreibe die Geschichte aus ❶ ab. 108
Ersetze **Dann** durch unterschiedliche Satzanfänge.
<u>Die Reise des Kobolds</u>
Auf dem Weg ...

4 Finde einen passenden Schluss für deine Geschichte.

Sammele weitere Satzanfänge für deinen Schreibfächer.
Ein Wörterbuch kann dir helfen.

über einen Text sprechen; verschiedene Satzanfänge finden und einen Text verbessert aufschreiben; eine Geschichte weiterschreiben

Sprache untersuchen

Satzglieder kennenlernen

1 Was tun die Kinder? Spielt es in der Klasse nach.

Der hungrige Papagei frisst gerne frische Blätter.

2 Stelle den Satz aus **1** so oft um wie möglich. Schreibe auf.
1. Der hungrige Papagei ...
2. Frische Blätter ...
3. ...

Das ist eine Umstellprobe.

> Sätze bestehen aus einzelnen Teilen. Diese Teile heißen **Satzglieder**.
> Ein Satzglied kann aus einem oder mehreren Wörtern bestehen.
> Satzglieder kann ich umstellen.
> Die Papageien haben bunte Federn. Haben die Papageien bunte Federn?
> Bunte Federn haben die Papageien.

3 Markiere die Satzglieder in deinen Sätzen aus **2** in verschiedenen Farben.
Der hungrige Papagei frisst ...

4 Bilde verschiedene Sätze und schreibe sie auf. Markiere die Satzglieder.
In Bäumen ...

| das Faultier | in Bäumen | sein ganzes Leben lang | hängt |

Sprache untersuchen

5 Baue den Satz nach den drei Farbmustern um.

1. Bei Regen ...

Die Erdmännchen laufen bei Regen schnell in ihre Höhle.

1.

2.

3.

6 Schreibe einen eigenen Satz wie in **5**.
Stelle deinen Satz mindestens dreimal um.

Der Flamingo ...

| der Flamingo | ... | ... | ... | ... |

Wenn du die Satzglieder auf Karten schreibst, kannst du die Sätze gut umstellen.

7 Aus wie vielen Satzgliedern bestehen die Sätze? Schreibe die Sätze ab.
Dann trenne die Satzglieder voneinander ab.

Der Wombat | trägt ...

Der Wombat trägt sein Baby im Beutel.
Der Löwe liegt faul in der Sonne.
In der Nacht ist die Wüstenspringmaus auf Futtersuche.
Morgens badet der kleine Elefant mit seiner Mutter im See.

Schreibe einen Satz über Olli. Stelle ihn so oft um wie möglich.

3 Sprache untersuchen

Deutsch und Englisch vergleichen

1 Worüber sprechen die Kinder? Meinen beide das Gleiche?

Die Chips schmecken lecker.

I like chips with ketchup.

Kennst du ein Wort für Pommes in einer anderen Sprache?

2 Lest die englischen Wörter. Was fällt euch auf?

baby   jeans   t-shirt   tablet   computer

3 Manche Wörter klingen im Deutschen und Englischen ähnlich. Ordnet passend zu. *das Haus – house, ...*

fish • mouse • milk
house • banana

4 Lest den Liedtext. Was macht der Teddybär?
Spielt den Text nach und erfindet noch mehr Bewegungen.

Teddy bear, teddy bear, turn around.
Teddy bear, teddy bear, touch the ground.
Teddy bear, teddy bear, show your shoe.
Teddy bear, teddy bear, that will do.

Richtig schreiben

Wörter mit Ä/ä und Äu/äu ableiten

1 Lies den Text. Findest du zu allen markierten Wörtern ein verwandtes Wort mit **a** oder **au**?

Alarm in Maushausen

Die Bewohner dieser kleinen **M★sestadt** sind besonders. Jede Maus wohnt in einem winzigen Haus aus Pappe, Papier und **Bl★ttern**.
Diesen Samstag treffen sich die **M★se** in der Stadt zum Wettlauf. Sie lieben **Wettk★mpfe**. Doch plötzlich steigt Rauch aus einem der **H★ser** auf. **F★er**!
Sofort **l★ft** Maja Maus los und springt in ihr **Löschflugz★g**.
Wasser marsch! Das **Geb★de** kann gerettet werden.
Wie gut, dass Maja so schnell **r★nnen** kann. Sie **erh★lt** einen Orden.

Ich schreibe ein Wort mit **ä** oder **äu**,
wenn es dazu ein verwandtes Wort mit **a** oder **au** gibt.
die **Ä**ste ↳ der **A**st, die Gef**ä**hr ↳ gef**a**hrlich, der K**äu**fer ↳ k**au**fen

---

2 Schreibe die markierten Wörter aus **1** auf.
Entscheide: **ä** oder **e**, **äu** oder **eu**?
Schreibe so: *Mäusestadt kommt von Maus, …*

Was mache ich, wenn es kein verwandtes Wort mit ä oder äu gibt?

3 Finde zu jedem Wort mit **Ä/ä** oder **Äu/äu** ein verwandtes Wort mit **A/a** oder **Au/au**. Schreibe so: *das Äuglein ↳ das Auge, …*
Achtung: Zwei Wörter schreibst du mit **e** oder **eu**.

das ★glein • die R★der • der R★ber • er h★lt • das H★ft
der Verk★fer • die L★te • kr★ftig • die K★lte • tr★men

Richtig schreiben

Wörter mit kurzem i und ie

1 Sprecht die Wörter. Bei welchen Wörtern klingt der i-Laut lang? Bei welchen Wörtern klingt er kurz?

2 Schreibe die Wörter aus ❶ geordnet auf. Markiere das kurze **i** und **ie**.

*i: der St**i**ft, ...*
*ie: die Zw**ie**bel, ...*

*Bei **Zwiebel** klingt der i-Laut lang.*

3 Löse die Rätsel. Schreibe die Sätze richtig auf. Markiere das kurze **i** und **ie**. a) Bienen machen ...

a) ___ machen Honig.
b) Die Kinder im Chor ___.
c) Nach Montag kommt ___.
d) ___ kommt vor Donnerstag.
e) Etwas ist nicht dort, sondern ___.
f) Zwei plus zwei macht ___.
g) Naomis Cousine wohnt in ___.
h) Blumen sprießen. Flüsse ___.

4 Schreibe eigene Rätsel wie in ❸.

★ Findet Verben mit **ie**. Wer die meisten Verben findet, gewinnt.

Richtig schreiben

Wörter mit ß

1 Schreibe die Wörter ab. Markiere ß und den langen Laut davor: gro_ß, au_ßen, ...

> groß • außen • die Süßigkeiten
> außerdem • der Fußgänger • grüßen
> dreißig • der Grieß • schließlich

ß steht nur nach einem langen Selbstlaut, Umlaut oder Zwielaut.

2 Schreibe den Text ab.
Setze die Wörter mit ß passend ein.
Der größte Tag des Jahres

> Blumenstrauß • süße • größte
> Fuß • heißen • Strauß
> Fußball • gießt • weiße • Spaß

Der ⬚ Tag des Jahres
Es ist ein besonderer Tag in der ⬚ Savanne:
Der ⬚ feiert Geburtstag.
Das schwarz-⬚ Zebra kommt mit dem Rad
und bringt einen bunten ⬚ mit.
Okapi, Elefant und Gnu kommen zu ⬚.
Zur Feier gibt es ⬚ und saftige Speisen.
Das Geburtstagskind ⬚ allen seinen Gästen
frisches Wasser ein. Nach dem Essen spielen
die Tiere ⬚. Alle haben riesigen ⬚.

3 Schreibe die Wörter auf. Schreibe so: hei_ß, das Flo_ß, ...
Achtung: Ein Wort schreibst du mit Doppel-s.

4 Wieso schreibe ich **Gruß** mit **ß** und **Kuss** mit **ss**? Begründet.

Üben und nachdenken

Meine Trainingsseiten

1 Lies den Text. Welche Buchstaben fehlen?

Jeden **Dienstag telefoniert Naomi** mit ihren **Großeltern.** Sie leben in Irland. Naomi hat sie schon l★nger nicht mehr getroffen, aber dank der Kamera an ihrem Laptop ist das kein Problem. Naomi zeigt ihnen ihr Zimmer, die n★en Fahrr★der und die süßen M★se ihrer großen Schwester. So wissen Oma und Opa immer, wie es Naomi geht.

2 Schreibe den Text richtig auf.
Entscheide: **ä** oder **e**, **äu** oder **eu**?
Jeden ...

3 Markiere im Text alle Wörter mit **ie** gelb und mit **ß** pink.
Jeden Dienstag ...

4 Stelle den Trainingssatz so oft um, wie möglich.
Naomi ...

Ordne die Namen der Kontinente passend zu.
Africa – Afrika, ...

Africa — Australien
Europe — Amerika
Australia — Afrika
America — Europa
Asia — Asien

Weltweit werden mehr als 6500 Sprachen gesprochen.

LERNWÖRTER

die Feuerwehr	fangen, sie fängt	friedlich	bloß
der Fleiß	passieren, es passiert	kräftig	hier
der Frieden	wissen, er weiß	riesig	nie
der Krieg			

 Tippe die Lernwörter am Computer oder mit dem Tablet ab.

einen Übungstext abschreiben und Wörter mit ä/e und äu/eu richtig schreiben, Wörter mit ie und Wörter mit ß markieren; Satzglieder erkennen, einen Satz umstellen; einen Übungssatz untersuchen: Stolperstellen markieren, Strategien anwenden, Nomen, Verben und Adjektive erkennen; Gemeinsamkeiten von Sprachen entdecken; Lernwörter üben: am Computer abtippen

Üben und nachdenken

Blättere zurück und finde die Antworten.

Quer durch das Kapitel

Beantworte die Fragen in ganzen Sätzen.
Schreibe die Antworten in dein Heft.

a) Das Wort „Kobold" …

a) Wie oft kommt das Wort „Kobold" auf Seite 39 vor?

b) Welche Form hat das erste Bildgedicht?

c) Welches Tier hängt sein ganzes Leben lang in Bäumen?

d) Wo feiert der Strauß seinen Geburtstag?

e) Wohin gehen die Kinder auf Seite 37?

f) Welche drei Wörter sind deine Lieblingswörter aus dem Kapitel?

g) Welcher Text oder welches Bild hat dir am besten gefallen?

Das haben wir gelernt

- Am besten merken konnte ich mir …
- Die Strategie „Ableiten" hilft mir, wenn …
- Was mache ich bei der Umstellprobe?
- Nicht alle Kinder sind gleich, denn …
- Spannend fand ich …

4 Sprechen und zuhören

Vorhang auf!

1. Was bereiten die Kinder vor?

2. Was hast du schon einmal aufgeführt?
   Wo warst du als Zuschauer dabei?

3. Was müsst ihr alles vorbereiten, wenn ihr etwas aufführen möchtet?

   Überlegt gemeinsam, was ihr aufführen könntet.

Sprechen und zuhören

Laut und deutlich sprechen

1 Seht euch das Bild an. Was tun die Kinder?

2 Wärmt euch auf wie Mila und Naomi. Macht euch erst ganz groß und dann ganz klein.

3 Nehmt einen Korken oder einen Daumen zwischen die Schneidezähne. Jetzt erzählt euch, was ihr gestern gemacht habt.

Ich spreche immer langsam und sehrrrrr deutlich.

4 Sagt das Datum von heute auf verschiedene Arten:
a) leise   c) freundlich   e) deutlich
b) laut   d) wütend   f) undeutlich

5 Lies die Zungenbrecher und wähle einen aus. Sprich ihn erst langsam, dann immer schneller.

Auf sieben Robbenklippen
sitzen sieben Robbensippen,
die sich in die Seite stippen,
bis sie von den Klippen kippen.

Schnecken essen Kresse nicht,
denn Kresse schmeckt den Schnecken nicht.

Fünf Ferkel fressen frisches Futter.

Trage einen Zungenbrecher in der Klasse oder auf einer offenen Bühne vor.  115

Texte verfassen

Ein Plakat gestalten

1 Vergleiche die beiden Plakate. Begründe, welches Plakat du besser findest.

2 Worauf kannst du bei einer Plakatgestaltung achten?
Schreibe die richtigen Stichworte auf.
Achtung: Zwei Stichworte stimmen nicht.

– *Texte auf extra Blätter schreiben und …*

- Texte auf extra Blätter schreiben und überprüfen
- wichtige Informationen aufschreiben
- groß und deutlich schreiben
- auf jedes Plakat ein Foto von einer Blume kleben
- passende Bilder auswählen
- eine passende Überschrift finden
- vor dem Aufkleben: die Bilder und die Texte übersichtlich anordnen
- immer ein schwarzes Plakat benutzen

3 Gestalte ein eigenes Plakat.

offene Bühne • Tag der offenen Tür
Ausstellung • Sommerfest • Lesenacht

Die Texte schreibe ich am Computer.

Deutsch mit Olli 3

Das kann ich schon

mit Vorlagen zu Kompetenzgesprächen

Name:

Klasse:

Cornelsen

Sprache untersuchen

Grundform und Personalformen

1 Kreise alle Verben in der Grundform ein.

gehst   essen   werfen   tanzt   trinkt

hüpfen   sage   lesen   singe   erklären

2 Vervollständige die Tabelle.

Grundform			sagen
ich			
du	gehst		
er, sie, es			
wir			
ihr		trinkt	
sie			

3 Schreibe alle Personalformen von **essen** und **trinken** auf.

_____

_____

_____

_____

Richtig schreiben

Lange und kurze Selbstlaute

1 Schreibe die Reimwörter auf. Markiere die doppelten Mitlaute und den kurzen Selbstlaut davor.

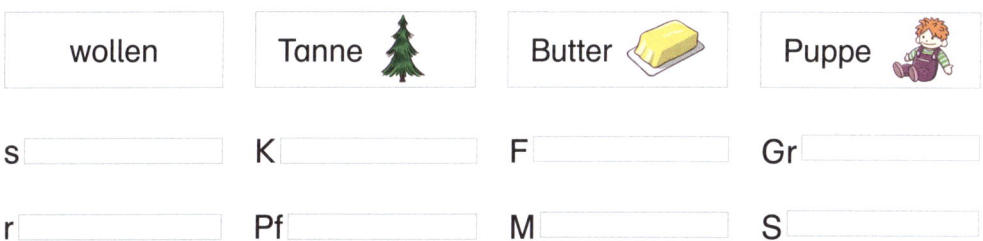

wollen	Tanne	Butter	Puppe
s___	K___	F___	Gr___
r___	Pf___	M___	S___

2 Schreibe die Wörter geordnet auf. Markiere die langen und die kurzen Selbstlaute in der ersten Silbe.

Wörter mit langem Selbstlaut: Wörter mit kurzem Selbstlaut:

_____   _____

_____   _____

_____   _____

_____   _____

3 Überprüfe in **2**, ob nach allen kurzen Selbstlauten zwei oder mehr Mitlaute folgen. Markiere sie.

Diese Seite fand ich ◯ leicht ◯ mittel ◯ schwer

Sprache untersuchen

Nomen

1 Ordne die Nomen in die Tabelle ein.

Angst • Sami • Detektiv • Spinne • Fernseher • Birke • Wut • Klee
Nashorn • Glück • Uhu • Tante • Löffel • Tulpe • Pflaster

Menschen	
Tiere	
Pflanzen	
Dinge	
Gefühle	

2 Wähle aus jeder Zeile in **1** ein Nomen aus. Schreibe Sätze.

3 Finde drei weitere Nomen. Schreibe sie mit Artikel auf.

Diese Seite fand ich ◯ leicht ◯ mittel ◯ schwer

Richtig schreiben

Adjektive verlängern

1 Verlängere die Adjektive. Ergänze dann links die fehlenden Buchstaben: **b/p**, **d/t** oder **g/k**?

star☐   → viele _____ Kinder

lusti☐ → viele _____ Papageien

lie☐   → viele _____ Hunde

bun☐   → viele _____ Blätter

run☐   → viele _____ Kastanien

2 Setze die passenden Buchstaben ein.

Manche Hummeln haben Streifen. Diese sind meist gel☐.

Ihr Körper ist run☐. Die Insekten sind gutmüti☐ und

stechen selten. Hummeln sind sehr fleißi☐. Sie sammeln

Nektar und Blütenpollen, auch wenn das Wetter schlech☐ ist.

Hummeln sind wichti☐ für unsere Umwelt.

stock.adobe.com/lichtbilder.de/
www.ds/D.Pietra

Diese Seite fand ich ◯ leicht ◯ mittel ◯ schwer

Sprache untersuchen

Satzglieder

1 Stelle den Satz mindestens viermal um. Schreibe auf.

Mila | fährt | jeden Morgen | mit dem Roller | in die Schule.

2 Markiere die Satzglieder in ❶ in verschiedenen Farben.

3 Trenne die Satzglieder voneinander ab.

Theo liest gern vor dem Schlafengehen ein Buch im Bett.

Diese Seite fand ich ◯ leicht ◯ mittel ◯ schwer

Richtig schreiben

Wörter ableiten

1 Lies den Text. Überlege, welche Buchstaben fehlen.

Die **M★se** in Maushausen lieben **Wettk★mpfe**. **H★te** klettern sie um die Wette auf **B★me**. Es sieht ein bisschen **gef★hrlich** aus, wenn die kleinen Tiere auf den hohen **★sten** herumturnen.

2 Schreibe nur die markierten Wörter auf, zu denen es ein verwandtes Wort mit **A/a** oder **Au/au** gibt.

Wort mit **Ä/ä** oder **Äu/äu**		Wort mit **A/a** oder **Au/au**
	⚡	
	⚡	
	⚡	
	⚡	
	⚡	

3 Zu welchem markierten Wort in ❶ gibt es kein verwandtes Wort mit **A/a** oder **Au/au**? Schreibe es richtig auf.

Diese Seite fand ich ○ leicht ○ mittel ○ schwer

Sprache untersuchen

Wörtliche Rede

1 Schreibe den Witz richtig auf.
Setze die Redezeichen ein.

Kommt ein Mann in die Zoohandlung.
Er erkundigt sich: Kann dieser Papagei sprechen?
Der Papagei entgegnet: Kannst du fliegen?

2 Unterstreiche in **1** die Redebegleitsätze.

3 Ergänze passende Verben aus dem Wortfeld **sagen**.
Setze die wörtliche Rede in Redezeichen.

Milo _____ : Was ist ein Papagei, der ständig plappert?

Mila _____ : Ein Plappergei.

Olli _____ : Ich lach mich krumm!

Diese Seite fand ich ◯ leicht ◯ mittel ◯ schwer

Richtig schreiben

Verben verlängern

1 Schreibe die Wörter in der Grundform auf. Ergänze dann bei der Personalform den fehlenden Buchstaben: **b/p** oder **g/k**?

sie kle ☐ t ↪ _____

er sa ☐ t ↪ _____

er trin ☐ t ↪ _____

du fra ☐ st ↪ _____

es pie ☐ t ↪ _____

2 Setze **b** oder **p**, **g** oder **k** ein.
Denke zuvor an die Grundform des Verbs.

Nach der Schule pum ☐ t Ela ihr Fahrrad auf.

Sami lie ☐ t auf dem Sofa. Er blei ☐ t heute zu Hause.

Milo dan ☐ t Emil für seine Hilfe. Er schrei ☐ t eine SMS.

Oma besie ☐ t Mila beim Schach. Mila gi ☐ t aber nicht auf.

Diese Seite fand ich ◯ leicht ◯ mittel ◯ schwer

9

Sprache untersuchen

Gegenwart und Vergangenheit

1 Ergänze die Tabelle.

Grundform	Personalform im Präsens	Personalform im Präteritum
	ich erzähle	
		ich hüpfte
	ich bitte	
denken		
		ich las
gehen		

2 Setze die Verben in der richtigen Form ein.

Gestern _____ Simon von Opa ein Handy.
(bekommen)

Simon _____ sich sehr. Sofort
(freuen)

_____ er seinem Freund Ali eine SMS.
(schickte)

Ali _____ die Nachricht und
(lesen)

_____ sofort zurück.
(schreiben)

10 Diese Seite fand ich ◯ leicht ◯ mittel ◯ schwer

Texte verfassen

Stichworte aufschreiben

1 Lies den Text. Markiere weitere wichtige Stichwörter.

Die Geschichte des Handys

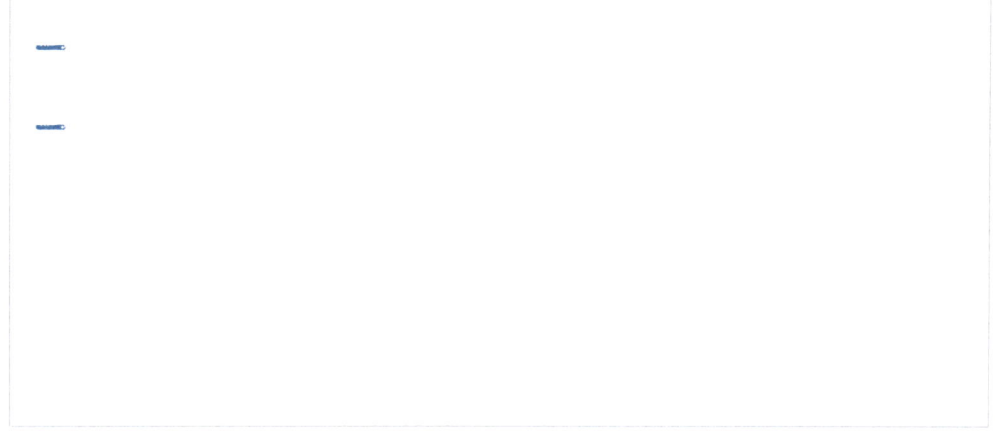
© Shutterstock/
Piyawat Nandeenopparit

Telefone wurden vor über 140 Jahren erfunden. Allerdings konnte man mit ihnen nicht von unterwegs telefonieren. Stattdessen nutzte man Telefonzellen, die seit 1904 an den Straßen standen. 1946 gab es die ersten Autotelefone. Sie waren sehr groß und teuer. 1983 kam das erste Handy auf den Markt. Mit ihm konnte man 30 Minuten lang telefonieren, dann musste es zehn Stunden laden. Dieses Handy kostete viel Geld und wog über ein Kilo. Ab 1994 war es möglich, Kurznachrichten (SMS) mit dem Handy zu verschicken. Langsam wurden die Handys auch günstiger. Das erste Handy mit Kamera konnte man 1999 kaufen. Erst seit 2007 gibt es die Handys, die du auch als Smartphones kennst. Sie haben noch mehr Funktionen, zum Beispiel Internetzugang.

2 Schreibe die Geschichte des Handys in Stichworten auf.

Sprache untersuchen

Zusammengesetzte Nomen

1 Zerlege die zusammengesetzten Nomen.

Einkaufsliste
- Kräuterquark
- Leberkäse
- Toastbrot
- Kirschsaft
- Nussschokolade
- Glückskekse
- Orangenmarmelade

2 Bilde zusammengesetzte Nomen. Schreibe sie mit Artikel auf.

lesen

+

zaubern

• Lampe • Trank • Stab

Ich habe auch einen Zauberstab.

Texte verfassen

Einen Hauptteil schreiben

1 Lies die Einleitung und den Schluss der Geschichte. Dann überlege, was Elin erlebt haben könnte.

2 Schreibe den Hauptteil der Geschichte **in Stichworten** auf.

> Elin strolchte in den Ferien mal wieder am Fluss entlang. Am Ufer entdeckte Elin einen flachen Baumstamm, der ein hervorragendes Floß abgeben könnte.

> Mit letzter Kraft stand Elin auf. Das war zum Glück noch einmal gut gegangen. So schnell würde Elin die Floßfahrt nicht wiederholen.

Sprache untersuchen

Subjekt und Prädikat

1 Frage nach dem Subjekt und dem Prädikat.
Schreibe jeweils die Frage und die Antwort auf.

Der grüne Drache spuckt Feuer.

2 Bilde Sätze. Markiere das Prädikat rot und das Subjekt blau.

Kleine Feen	leben	durch den Wald
Zwei Riesen	zaubern	gern
Sieben Zwerge	trampeln	hinter den sieben Bergen

Wer oder was zaubert gern?

14 Diese Seite fand ich ◯ leicht ◯ mittel ◯ schwer

Richtig schreiben

Kleine Merkwörter

1 Setze die Wörter passend ein.

ihnen • bald • ihn • Ihre • oft

Sami isst gern Eis. Seine Oma lädt ▭ häufig ein.

Mila liebt es, am Steg zu sitzen. ▭ Freunde sind

meist dabei. Milo schwimmt im Sommer ▭ im See.

Oma und Ela spielen gern Schach. Olli schaut ▭ zu.

Die Kinder haben ▭ Sommerferien.

2 Schreibe mit jedem Wort einen Satz.

für • oder • viel • sehr • ohne

Sprache untersuchen

Nachgestellte Redebegleitsätze

1 Setze die Redezeichen ein. Unterstreiche die Redebegleitsätze.

Kennst du den Witz von den Kindern im Fahrstuhl? , will Sami wissen.
Nein, den kenne ich nicht , erwidert Milo.
Sami kichert: Ich auch nicht, ich habe die Treppe genommen.

2 Schreibe auf, was die Kinder sagen. Stelle den Redebegleitsatz hinter die wörtliche Rede.

Freust du dich schon?

Morgen springen wir vom 3-Meter-Turm.

Ja, aber ich bin ziemlich aufgeregt.

Diese Seite fand ich ◯ leicht ◯ mittel ◯ schwer

Richtig schreiben

Viele Mitlaute nacheinander

1 Setze die fehlenden Selbstlaute ein.

der W☐nsch   r☐chts   das H☐mst☐rr☐d

☐ngl☐sch   n☐chts   die M☐tpr☐be

2 Schreibe die Wörter aus ① auf. Zeichne Silbenbögen und markiere die Selbstlaute.

3 Bilde zusammengesetzte Nomen. Markiere das Wort mit den meisten Mitlauten hintereinander.

Ballett • Topf
Kunststoff • Matsch   **+**   Pflanze • Tanz
Obst • Vollmilch   Hose • Schokolade
                             Flasche • Stand

Ich bin ein toller Balletttänzer!

Diese Seite fand ich ○ leicht ○ mittel ○ schwer

17

Richtig schreiben

Strategien anwenden

1 Welche Strategie hilft dir, die markierten Stellen richtig zu schreiben? Verbinde.

Rose   sehen   Geld   Kämme   Zahn

2 Streiche die falschen Schreibweisen durch.
Notiere jeweils die Strategie, die dir geholfen hat.

Este/Äste ☐   klug/kluk ☐   Straus/Strauß ☐

käfer/Käfer ☐   helfn/helfen ☐   du lebst/lepst ☐

3 Überlege, welche Strategie dir beim Schreiben hilft.
Kreuze an und schreibe die Wörter richtig auf.

 ☐ ⚡ _____    ☐ ⚡ _____
                ☐ ↪ _____   ☐ M _____

 ☐ ⚡ _____    ☐ ⚡ _____
                ☐ M _____   ☐ ↪ _____

 ☐ ⚡ _____   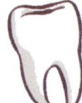 ☐ M _____
                ☐ ↪ _____   ☐ ↪ _____

Diese Seite fand ich ◯ leicht ◯ mittel ◯ schwer

Texte verfassen

Einen Text überarbeiten

1 Lies die Geschichte und bewerte mit der Checkliste.

Spannende Überschrift ☺ 😐 ☹
Treffende Adjektive ☺ 😐 ☹
Satzanfänge abgewechselt ☺ 😐 ☹
Treffende Verben ☺ 😐 ☹

Eine Wolke

Auf einmal zerrte ein kräftiger Windstoß an Elas Schirm und wirbelte sie hoch in die Luft. Krampfhaft klammerte sich Ela an ihren Schirm. Dann landete sie auf einer Wolke. Dann war die Wolke weg und Ela fiel und fiel. Dann wachte Ela auf. Sie hatte geträumt.

2 Markiere in **1** drei Stellen, die du überarbeiten möchtest. Schreibe den Text verbessert auf.

Diese Seite fand ich ○ leicht ○ mittel ○ schwer

19

Sprechen und zuhören

Vorlagen zum Führen individueller Kompetenzgespräche

Du wirst mit jedem Tag besser.

Hier schreibst du zusammen mit deiner Lehrerin oder deinem Lehrer auf, was du schon kannst.

Das kann ich schon		Datum	Anmerkungen
Ich kenne und beachte unsere Gesprächsregeln.	○		
Ich kann aufmerksam zuhören und frage nach, wenn ich etwas nicht verstanden habe.	○		
Ich beteilige mich an Gesprächen und bringe eigene Ideen und Wünsche ein.	○		
Ich spreche laut und deutlich. Ich achte auf meinen Tonfall.	○		
Ich kann mit meinem Gesicht, meiner Stimme und meinem Körper etwas ausdrücken.	○		
Ich kann über meine Gefühle sprechen und auf die Gefühle anderer reagieren.	○		
Ich kann Fragen zu einem Thema stellen und beantworten.	○		
Ich kann verständlich erzählen und beschreiben.	○		
Ich kann meine eigene Meinung äußern und begründen.	○		
Ich kann mit anderen diskutieren und nach Lösungen suchen.	○		
Ich kann sagen, was ich in einem Kapitel gelernt habe.	○		

Texte verfassen

Das kann ich schon		Datum	Anmerkungen
Ich kann eigene Texte schreiben, z. B. über Erlebnisse.	○		
Ich kenne den Aufbau von Geschichten.	○		
Ich kann zu Bildern oder anderen Anregungen schreiben.	○		
Ich kann Informationen in Texten finden und aufschreiben.	○		
Ich kann in verschiedenen Medien Informationen sammeln.	○		
Ich kann Gedichte schreiben oder weiterschreiben.	○		
Ich kann eine Geschichte weiterschreiben.	○		
Ich kann ein Plakat gestalten.	○		
Ich kann Texte vortragen und dabei auf die Betonung achten.	○		
Ich kann mit Stichworten einen Text zusammenfassen.	○		
Ich kann Wörter sammeln und damit eine Geschichte schreiben.	○		
Ich verwende wörtliche Rede in meinen Texten.	○		
Ich kann meine Texte überarbeiten.	○		
Ich kann ein Buch auswählen und anderen vorstellen.	○		
Ich kann eigene Ideen entwickeln und aufschreiben.	○		
Ich kann einen Text in eigenen Worten nacherzählen.	○		

Sprache untersuchen

Das kann ich schon		Datum	Anmerkungen
Ich kann Selbstlaute und Mitlaute unterscheiden.	○		
Ich erkenne Nomen und weiß, dass sie großgeschrieben werden.	○		
Ich kenne die bestimmten und die unbestimmten Artikel.	○		
Ich weiß, dass es Nomen in der Einzahl und der Mehrzahl gibt.	○		
Ich kann zusammengesetzte Nomen bilden und zerlegen.	○		
Ich kenne Verben in der Grundform und in den Personalformen.	○		
Ich kenne Verben in der Gegenwart und in der Vergangenheit.	○		
Ich kann Wörter mit Vorsilben / Wortbausteinen verändern.	○		
Ich kenne Adjektive in der Grundform und in der 1. und 2. Vergleichsstufe.	○		
Ich erkenne Wortfamilien und den Wortstamm von Wörtern.	○		
Ich erkenne Sätze und schreibe am Satzanfang groß.	○		
Ich kann Satzarten unterscheiden und setze die passenden Satzschlusszeichen.	○		
Ich kenne die wörtliche Rede und kann die Redezeichen richtig setzen.	○		
Ich erkenne Satzglieder und kann Sätze umstellen.	○		
Ich erkenne das Subjekt und das Prädikat in einem Satz.	○		

Richtig schreiben

Das kann ich schon		Datum	Anmerkungen
Ich kann Wörter in Silben gliedern.	○		
Ich weiß, dass in jeder Silbe ein Selbstlaut, Zwielaut oder Umlaut steckt.	○		
Ich kann lange und kurze Selbstlaute unterscheiden.	○		
Ich erkenne Wörter mit doppelten Mitlauten.	○		
Ich schreibe Wörter mit silbentrennendem **h** richtig.	○		
Ich schreibe Nomen und Satzanfänge groß.	○		
Ich kann Wörter nach dem Alphabet ordnen.	○		
Ich kann Wörter in der Wörterliste oder einem Wörterbuch finden.	○		
Ich kann Wörter ableiten und herausfinden, ob sie mit **ä** oder **äu** geschrieben werden.	○		
Ich kann Wörter verlängern und herausfinden, ob sie mit **d**, **b** oder **g** geschrieben werden.	○		
Ich kenne Merkwörter mit **chs**.	○		
Ich kenne Merkwörter mit **V/v**.	○		
Ich kenne Merkwörter mit stummem **h**.	○		
Ich kenne Merkwörter mit **ai**.	○		

Kapitel und Thema		Lernbereich	Seite	✏
1	Grundform und Personalformen	Sprache untersuchen	2	
	Lange und kurze Selbstlaute	Richtig schreiben	3	
2	Nomen (Ad)	Sprache untersuchen	4	
	Adjektive verlängern ☺	Richtig schreiben	5	
3	Satzglieder	Sprache untersuchen	6	
	Wörter ableiten ⚡	Richtig schreiben	7	
4	Wörtliche Rede	Sprache untersuchen	8	
	Verben verlängern ☺	Richtig schreiben	9	
5	Gegenwart und Vergangenheit	Sprache untersuchen	10	
	Stichworte aufschreiben	Texte verfassen	11	
6	Zusammengesetzte Nomen (Ad)	Sprache untersuchen	12	
	Einen Hauptteil schreiben	Texte verfassen	13	
7	Subjekt und Prädikat	Sprache untersuchen	14	
	Kleine Merkwörter Ⓜ	Richtig schreiben	15	
8	Nachgestellte Redebegleitsätze	Sprache untersuchen	16	
	Viele Mitlaute nacheinander ☺	Richtig schreiben	17	
⚓	Strategien anwenden ☺ (Ad) ⚡ ☺ Ⓜ	Richtig schreiben	18	
	Einen Text überarbeiten	Texte verfassen	19	
	Vorlagen zum Führen individueller Kompetenzgespräche	Sprechen und zuhören	20	
		Texte verfassen	21	
		Sprache untersuchen	22	
		Richtig schreiben	23	

 Das kann ich schon – mit Vorlagen zu Kompetenzgesprächen

Erarbeitet von: Christine Kröner, Heidrun Rebenstorff

Redaktion: Anna Koltermann

Illustration: Christian Bartz, Petra Eimer (Papagei Olli)

Umschlaggestaltung: Corinna Babylon und Jule Kienecker, Berlin

Layoutkonzept und technische Umsetzung: Cornelia Gründer, Corngreen GmbH, Leipzig

Dieses Heft ist Bestandteil des Sprachbuchs Deutsch mit Olli 3 (ISBN 978-3-464-80248-9) und nicht einzeln bestellbar. Es kann im 10er-Pack nachbestellt werden (ISBN 978-3-464-80752-1).

Texte verfassen

Ein Gedicht weiterschreiben

1 Lest den Anfang des Gedichts. Setzt die Reimwörter passend ein.

Krümelsuche

Das kluge Eichhörnchen André
wohnt im Wald, ganz nah am ___ .
Jeden Tag am gelben Haus
trifft es seinen Freund, die ___ .
Der Maus, der knurrt bereits der Magen,
André könnt auch etwas ___ .

Maus · See · vertragen

2 Schreibe das Gedicht aus **1** richtig auf.
Markiere die Reimwörter in der gleichen Farbe.

Krümelsuche
Das kluge Eichhörnchen André, ...

Das sind Paarreime.

3 Wie geht das Gedicht weiter? Setze die Reime richtig zusammen und schreibe sie auf.

Eine Idee kommt ihm sodann,
rasch hüpft ...

Eine Idee kommt ihm sodann,

„Lass uns bei Oma Krümel suchen,

Man sieht sie dann zusammen essen,

Die Krümel landen schnell im Mund,

Und nach dem Kuchenkrümel-Schmaus,

da laufen alle schnell nach Haus.

die Bäuche werden langsam rund.

rasch hüpft das Eichhörnchen voran:

sie backt so leckeren Apfelkuchen."

der Hunger ist sofort vergessen.

 Übt das Gedicht und lernt es auswendig. Tragt das Gedicht vor.

Sprache untersuchen

Wörtliche Rede

1 Schreibe die Sätze ab. Markiere die Redezeichen „ ".
„Weißt du, ...

„Weißt du, was ein Sketch ist?"
„Das ist ein Witz, der vorgespielt wird."

Wörtliche Rede nennt man, was gesprochen wird.
Die wörtliche Rede steht in **Redezeichen**.
„Weißt du, was ein Sketch ist?"

Diese Zeichen „ "
heißen auch
Anführungszeichen.

2 Lest den Sketch.

3 Schreibe den Sketch aus ❷ auf. Schreibe einen Doppelpunkt
und setze die wörtliche Rede in Redezeichen.
Sami fragt: „Entschuldigung, kennst du ..."
Das Kind antwortet: ...
Sami erklärt: ...

4 Schreibe den Witz ab. Markiere, was gesprochen wird,
und setze die Redezeichen ein. Olli fragt: „Was ...

Olli fragt: Was sitzt im Wald und winkt? Milo antwortet: Ich weiß es nicht.
Olli grinst und sagt: Ein Huhu.

Sprache untersuchen

Redebegleitsätze

1 Lest die Sprechblasen. Wer sagt was?

Jetzt haben wir alles für die Aufführung.

Ich muss noch mal aufs Klo!

Welchen Hut soll ich nehmen?

Ich finde den grünen Hut gut.

Der **Redebegleitsatz** zeigt an, wer spricht.
Nach dem Redebegleitsatz steht ein **Doppelpunkt**.

Ela sagt: „Jetzt haben wir alles."
Redebegleitsatz — Wörtliche Rede

2 Ordne die Redebegleitsätze den Sätzen aus **1** zu.
Unterstreiche die Redebegleitsätze. Markiere die Redezeichen.
Ela sagt: „Jetzt haben wir alles für die Aufführung."

| Ela sagt: | Sami ruft: | Mila antwortet: | Naomi fragt: |

3 Schreibe den Text richtig auf. Setze die Verben passend ein.
Denke an den Doppelpunkt und die Redezeichen.
Oma fragt: „Wie lange ...?"

antwortet
fragt
sagt
lobt

Oma ___ : Wie lange habt ihr für euren Auftritt geübt?
Sami ___ : Wir haben zwei Wochen geprobt.
Oma ___ : Ihr wart richtig gut!
Sami ___ : Danke. Ich war ganz schön aufgeregt.

Plappern, krächzen, flüstern ...

 Wer findet die meisten Verben aus dem Wortfeld **sagen**?

Sprache untersuchen

Pronomen kennenlernen

1 Überlegt, wer gemeint ist. Ordnet die Wörter den Bildern zu.

Einzahl
ich · du
er · sie
es

Mehrzahl
wir · ihr
sie

> Die Wörter **ich**, **du**, **er**, **sie**, **es**, **wir**, **ihr** und **sie** sind **Pronomen**.
> Pronomen können Nomen ersetzen.
> **Ela** hält einen Vortrag. **Sie** hält einen Vortrag.

2 Schreibe den Text ab. Ersetze die markierten Wörter durch die passenden Pronomen.

Ela möchte einen Vortrag halten. Sie ...

Es · Sie · Sie · Er

Ela möchte einen Vortrag halten. **Ela** liest ein Buch über Eisbären.
Im Buch sind viele Fotos. **Das Buch** ist ein Sachbuch.
Emil hilft Ela. **Emil** sucht im Internet nach Informationen.
Die Eisbären leben am Nordpol. **Die Eisbären** können gut tauchen.

3 Schreibe die E-Mail ab. Setze die Pronomen passend ein.

Liebe Oma, was machst du ...

ich · du
wir · ihr · sie

Liebe Oma,
was machst ___ morgen? Und was macht Opa? Gehen ___
zusammen zur offenen Bühne? Dort halte ___ einen Vortrag
über Eisbären. Wusstet ___, dass ___ sehr gut riechen können?
Sag bitte Opa liebe Grüße. Viele Grüße von Ela

Sprache untersuchen

Verben mit Vorsilben

1 Lies den Text. Schreibe die fett gedruckten Verben ab.
Markiere die Vorsilben. vorbereiten, ...

Ein aufregender Tag

Heute ist die Aufführung.
Sami fragt: „Milo, müssen wir noch etwas **vorbereiten**?"
Milo stellt fest: „Wir müssen uns nur noch **umziehen**."
Ela sagt: „Ich muss noch meinen Hut **aufsetzen**."
Mila nickt: „Lasst uns noch schnell die Mikrofone
ausprobieren. Ich gehe gleich das Publikum **begrüßen**."

2 Bildet mit den Vorsilben neue Verben.
verfahren, ...

Vorsilben sind Wortbausteine.

ver	fahren	aus	setzen	ver	malen
	laufen		schütten		tragen
vor	singen	um	fallen	vor	geben

3 Schreibe den Text ab. Setze die passenden Verben ein.
Nach der Vorstellung ...

Nach der Vorstellung müssen die Kinder alles aufräumen / ausräumen .
Sie verpacken / auspacken alles in Kisten.
Sami ruft: „Mila, soll ich das Mikrofon ausschalten / anschalten ?"
Mila antwortet: „Ja, ich brauche es nicht mehr.
Du kannst es abbauen / anbauen ."

4 Lest die Wortpaare. Besprecht, was die Wörter bedeuten.

umziehen – ausziehen   hinfallen – ausfallen   aufpassen – verpassen

Richtig schreiben

Verben verlängern

1 Lest die Sätze. Überlegt, wie die Verben geschrieben werden.

Ela **sin★t** sich warm.

Mila **trin★t** ein Glas Wasser.

Milo **schie★t** eine Kiste.

Sami **pum★t** Ballons auf.

> Wenn ich nicht weiß, ob ich ein Wort mit **b/p** oder **g/k** schreibe, verlängere ich das Wort. Bei **Verben** suche ich die **Grundform**.
> sie sa**g**t ↪ sa**g**en, sie den**k**t ↪ den**k**en, er lie**b**t ↪ lie**b**en

2 Schreibe die Verben aus ① mit ihrer Grundform auf.
Ela singt ↪ singen, Mila ...

3 Verlängere die Verben. Schreibe sie dazu in der Grundform auf.
er lobt ↪ loben, ...

| b oder p? | er lo★t · er hu★t · sie le★t · es pie★t · es blei★t |

| g oder k? | er sa★t · sie par★t · sie fra★t · er blin★t · er flie★t |

4 Was tun die Kinder? Schreibe Sätze.
Naomi klebt Bilder auf. Milo ...

Überprüfen nicht vergessen!

Richtig schreiben

Merkwörter mit V/v

1 Sprecht die Namen der Eissorten deutlich.
Überlegt: Wie klingt das **V/v** in den Wörtern?

2 Schreibe die Eissorten aus **1** in eine Tabelle.

V/v wie in Vase 	V/v wie in Vogel
Vampir, ...	Veilchen, ...

Wörter mit V/v musst du dir gut merken.

3 Schreibt jedes Wort auf eine Wortkarte.
Bildet drei Stapel. Zieht von jedem Stapel immer ein Wort.
Schreibt die Sätze auf. *Vincent vergisst ...*

Vincent	vermisst	Vollkornbrot
Vicky	verliert	Adventskekse
Vida	versteckt	Vanillesoße
Valentin	vergisst	Lavakuchen
Vanessa	verbietet	Larvenlollis

4 Schreibe mit jedem Wort einen Satz.   vor • von • vom • viele • viel

Erfinde einen Eisbecher mit verrückten Sorten und Zutaten.
Male und schreibe.

4 Üben und nachdenken

Meine Trainingsseiten

1 Lies den Text. Welche Zeichen fehlen?

Ela kommt von der Vorstellung nach Hause.
Stolz erzählt sie ihrer Mutter: Ich durfte mein eigenes
Gedicht vortragen und habe viel Applaus bekommen.
Elas Mutter ist ein bisschen **traurig.** Sie musste arbeiten und
konnte bei dem Auftritt nicht dabei sein. Sie fragt: Gibt es vielleicht
ein Video von deinem Vortrag?

2 Schreibe den Text richtig auf. Setze die fehlenden Redezeichen. *Ela kommt ...*

3 Finde im Text alle Merkwörter mit **V/v**. Schreibe sie auf. *von, ...*

4 **b/p** oder **g/k**? Verlängere die Verben und schreibe sie richtig auf.

schieben — er schiebt, ...

> er schie★t • sie den★t • er hu★t
> sie flie★t • er blei★t • sie fän★t

Vergleicht die Sprachen. Findet Gemeinsamkeiten und Unterschiede.

applåder — Applaus — aplausos — taps — aplauze — bifald — applause — duartrokitje

Der Applaus hat in manchen Ländern einen anderen Rhythmus.

LERNWÖRTER

der Pullover	bleiben, es bleibt	verrückt	vor
der Vorschlag	fragen, er fragt	viel	vielleicht
die Vorsicht	verbieten, sie verbietet		vorbei
der Vorteil	versprechen, er verspricht		

 Schreibe die Lernwörter, so oft es geht, auf ein großes Blatt.

einen Übungstext abschreiben und Redezeichen einsetzen, Wörter mit V/v im Text finden; Verben mit b/p und g/k am Wortstammende verlängern; einen Übungssatz untersuchen: Stolperstellen markieren, Strategien anwenden, Nomen, Verben und Adjektive erkennen und markieren; Gemeinsamkeiten von Sprachen entdecken; Lernwörter üben: mehrfach aufschreiben

Üben und nachdenken

Quer durch das Kapitel

Beantworte die Fragen in ganzen Sätzen.
Schreibe die Antworten in dein Heft.

a) Einen Witz, der ...

a) Wie nennt man einen Witz, der vorgespielt wird?

b) Womit übt Ela, um deutlicher zu sprechen?

c) Zu welchem Wortfeld gehört „plappern"?

d) Was tut Mila auf Seite 56?

e) Wer frisst frisches Futter?

f) Welche drei Wörter sind deine Lieblingswörter aus dem Kapitel?

g) Welcher Text oder welches Bild hat dir am besten gefallen?

Blättere zurück und finde die Antworten.

Das haben wir gelernt

Besonders Spaß gemacht hat mir ...

Kannst du mir Tipps geben, wie ich mein Plakat gestalten kann?

Diese Wörter mit V/v habe ich mir gemerkt: ...

Die Strategie „Verlängern" hilft mir, wenn ...

Er, sie und es sind ...

Früher und heute

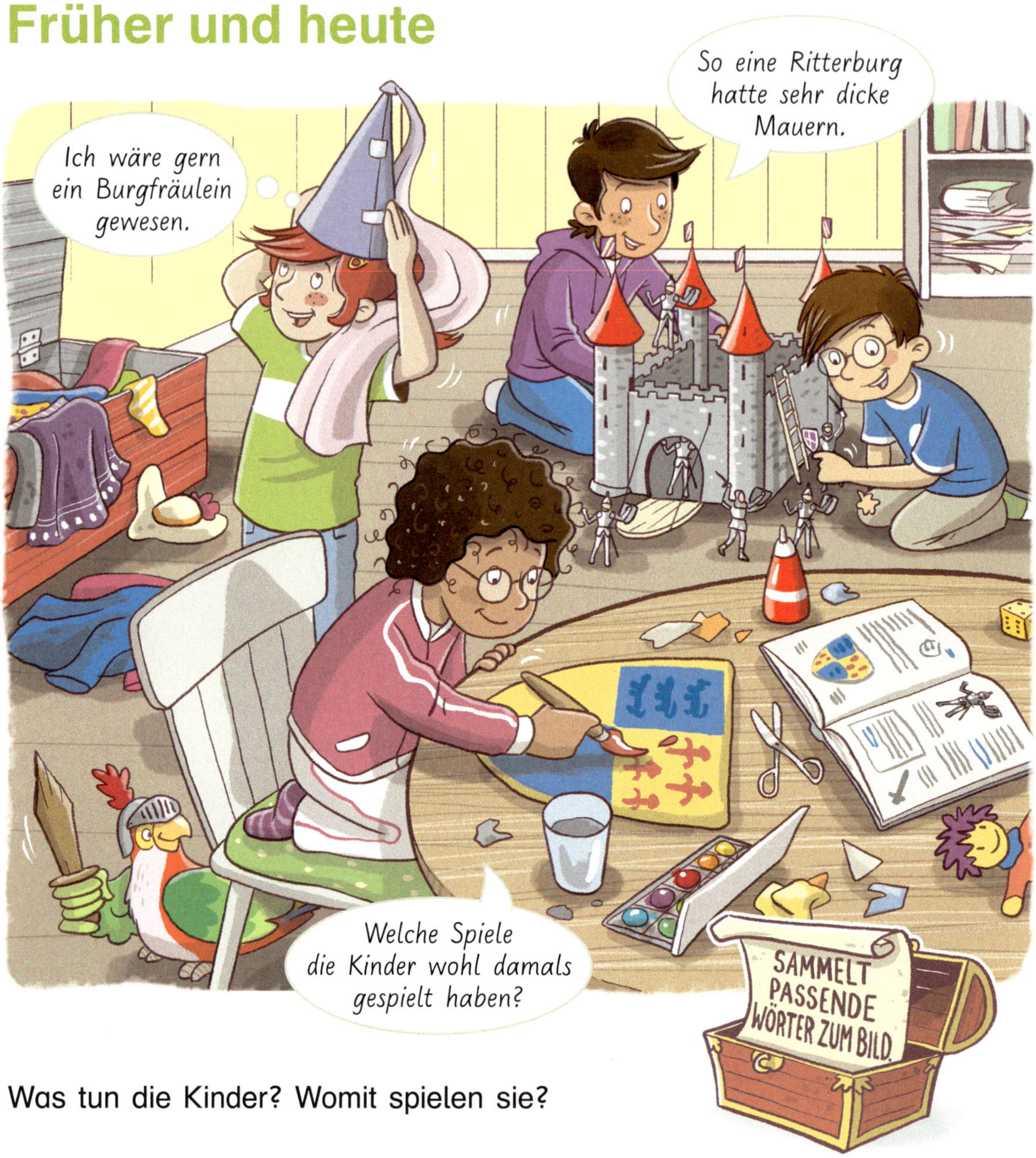

1. Was tun die Kinder? Womit spielen sie?

2. Was weißt du über die Ritterzeit?

3. Informiert euch über Ritterturniere, Spiele in der Ritterzeit oder die Bedeutung von Wappen. Präsentiert eure Ergebnisse. 114

Male dir dein eigenes Wappen.

über die Ritterzeit sprechen; Wörter zum Bild sammeln, den Wortschatz erweitern; eigene Erfahrungen und Ideen einbringen und sich zu Gedanken anderer äußern; sich über ein Thema informieren; ein eigenes Wappen malen

Sprechen und zuhören

Verschiedene Textsorten erkennen

1 Seht euch nur die Überschriften und Bilder an.
Findet Gemeinsamkeiten und Unterschiede.

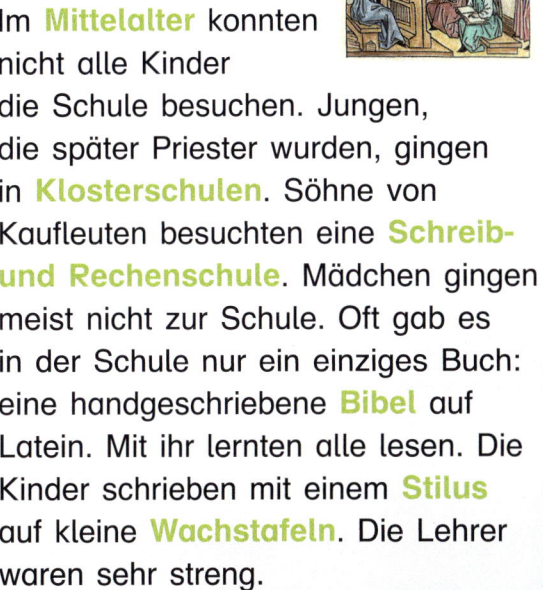

Schule im Mittelalter

Im **Mittelalter** konnten nicht alle Kinder die Schule besuchen. Jungen, die später Priester wurden, gingen
5 in **Klosterschulen**. Söhne von Kaufleuten besuchten eine **Schreib- und Rechenschule**. Mädchen gingen meist nicht zur Schule. Oft gab es in der Schule nur ein einziges Buch:
10 eine handgeschriebene **Bibel** auf Latein. Mit ihr lernten alle lesen. Die Kinder schrieben mit einem **Stilus** auf kleine **Wachstafeln**. Die Lehrer waren sehr streng.

Mein Schultag   12.03.1354

Ich heiße Marten und gehe in eine Klosterschule. Heute war ich an der Reihe und musste dem Lehrer laut aus der Bibel vorlesen. Eigentlich kann ich ganz gut lesen, aber in der Bibel steht alles auf Latein. Ich verstehe nicht alles, was ich lese. Vor dem Vorlesen habe ich immer Angst. Alle schauen auf mich. Wenn ich einen Fehler mache, bekomme ich eine Ohrfeige vom Lehrer. Danke Gott, heute hat alles gut geklappt!

2 Lest den Lexikonartikel und den Erzähltext in **1**.
Was erfahrt ihr über das Lernen im Mittelalter?

3 Welche Aussagen passen zu welchem Text?
Ordnet zu.

- Der Text informiert sachlich.
- Der Text erzählt von einem Erlebnis.
- Der Text berichtet, wie es für viele war.
- Man erfährt nicht, wer den Text geschrieben hat.
- Der Text erzählt in der Ich-Form.
- Der Text beschreibt auch Gefühle.

Welche Textsorten kennst du noch?

Texte verfassen

Stichworte geordnet aufschreiben

1 Lest den Text. Klärt Wörter, die ihr nicht kennt.

Mein Tag auf der Burg

Ich heiße Adele und bin neun Jahre alt. Ich bin die Tochter eines Ritters. Zusammen mit meinen Eltern lebe ich auf einer Burg. Von meiner Mutter lerne ich, wie ich zu einer guten Burgherrin werde. Sie überwacht alle Arbeiten auf der Burg.

5 **Morgens** kontrollieren Mutter und ich, ob wir genug Lebensmittel für das Abendessen haben. Mandeln in Honig mag ich am liebsten. Dann befehlen wir den Mägden in der Küche, welche Speisen sie für das Essen vorbereiten und kochen müssen.
Mittags gehen Mutter und ich in den Kräutergarten. Dort ernten wir
10 Heilkräuter und machen daraus Medizin. Mutter weiß, welche Kräuter bei welchen Leiden helfen. **Nachmittags** muss ich sticken. Am liebsten sticke ich Rosen in ein Mundtuch. **Abends** übe ich auf meiner Laute und singe dazu. So kann ich meinen Vater und unsere Gäste beim Abendessen gut unterhalten.

Stichworte sind einzelne wichtige Wörter, keine Sätze.

2 Schreibe die Stichworte aus Adeles Tagesablauf geordnet auf.

Morgens:
– Lebensmittel kontrollieren
– ...
Mittags:
– ...

– Laute spielen und singen
– Gäste unterhalten
– Lebensmittel kontrollieren
– Heilkräuter ernten
– befehlen, was gekocht werden soll
– sticken

3 Wie lief Adeles Tag ab? Erzählt mit Hilfe eurer Stichworte.

4 Schreibe deinen Tagesablauf in Stichworten auf.

Texte verfassen

Stichworte finden und aufschreiben

1 Lest die Überschrift und seht euch die Zeitleiste an.
Dann lest den Text. Klärt Wörter, die ihr nicht kennt.

Nur der Sohn eines Ritters konnte auch Ritter werden.
Dazu musste er mit sieben Jahren seine Eltern verlassen
und auf eine andere Burg ziehen. Dort wurde der Junge ein Page.
Er diente dem Burgherrn und lernte gutes Benehmen, reiten und
5 kämpfen. Meist gab es mehrere Pagen auf einer Burg.
Mit 14 Jahren wurden die Pagen zu Knappen ernannt und in den
Dienst eines Ritters gestellt. Sie lernten, dem Ritter beim Anziehen
der Rüstung zu helfen. Die Knappen waren für die Pferde und
die Rüstung des Ritters verantwortlich. Mit 21 Jahren konnte ein
10 Knappe zum Ritter werden. Dafür musste ihm sein Burgherr eine
Ritterrüstung kaufen. Das war teuer. Deshalb wurden manche
Knappen nie zu Rittern.

2 Schreibt die markierten Stichworte aus **1** auf.
Ergänzt eigene Stichworte aus dem Text.

<u>Die Ausbildung zum Ritter</u>
- Sohn eines Ritters
- mit sieben Jahren auf eine andere Burg
- ...

Mit Stichworten kannst du dir wichtige Informationen merken.

3 Erzählt euch den Text aus **1** nur mit Hilfe eurer Stichworte.

4 Klappe nun dein Buch zu. Schreibe mit Hilfe deiner Stichworte auf,
wie ein Ritter ausgebildet wurde. Schreibe in ganzen Sätzen.

Gegenwart und Vergangenheit

1 Lest den Text. Was machte Bertha Benz?

Erste Autofahrt von Mannheim nach Pforzheim

August 1888 – Carl Benz entwickelte das Automobil. Doch seine Frau Bertha und ihre beiden Söhne machten die erste lange Fahrt mit dem Auto.
Früh morgens starteten sie heimlich den Motor. Dazu drehten sie kräftig an einer Schwungscheibe. Vorsichtig lenkte Bertha Benz das Auto auf die Straße in Mannheim. Bald schon brauchte das Auto Benzin. Bertha Benz kaufte es in einer Apotheke. Langsam füllte sie das Benzin in den Tank des Autos. Bei der Weiterfahrt verstopfte plötzlich die Benzinleitung. Bertha Benz reinigte die Leitung mit ihrer Hutnadel. Am Abend erreichten Bertha Benz und ihre Söhne ihr Ziel in Pforzheim. Sofort schickte Bertha Benz ihrem Mann ein Telegramm: „Pforzheim glücklich angekommen."

Telegramme waren kurze Nachrichten, die mit einem Zeichen-Code übermittelt wurden.

Verben sagen, in welcher Zeit etwas passiert.
Das **Präsens** (die Gegenwart) benutze ich, wenn etwas jetzt passiert. Das **Präteritum** benutze ich, wenn ich über Ereignisse in der Vergangenheit schreibe.
Ich **spiele** gern Fußball. – Früher **spielte** ich gern mit Bauklötzen.

2 Schreibt die markierten Verben aus **1** im Präteritum und im Präsens auf.
sie lenkte – sie lenkt, sie ...

3 Wie war es früher? Wie ist es heute? Schreibe die Sätze richtig auf.
Früher startete man ein Auto mit einer Schwungscheibe. Heute startet man ...

Früher startete man ein Auto mit einer Schwungscheibe. Heute ...
Früher kaufte man Benzin in der Apotheke. Heute ...
Früher schickte man Telegramme. Heute ...

Sprache untersuchen

4 Welche Verben gehören zusammen? Ordne passend zu.
er liest – er las, ...

er liest • wir gehen • sie wächst	sie fiel • sie bat • wir dachten
er biegt • sie fällt • es brennt	er las • sie wuchs • wir gingen
wir denken • er beißt • sie bittet	er biss • er bog • es brannte

5 Unterstreiche in deinen Verben aus **4** den Wortstamm.
Markiere, was sich im Wortstamm verändert: *er liest – er las, ...*

> Bei manchen Verben verändert sich im Präteritum der **Wortstamm**.
> wir fahren – wir fuhren

6 Schreibe die Verben aus **4** in eine Tabelle. Ergänze die Grundform.

Grundform	Präsens	Präteritum
lesen	er liest	er las
...	...	...

7 Setze die Verben im Präteritum ein.
Überprüfe deine Schreibung mit der Wörterliste.
Letzten Winter freuten sich die Kinder ...

Letzten Winter `freuen` sich die Kinder über Schnee.
Mit den Schlitten `fahren` sie ein Wettrennen.
Sina und Ela `beginnen` . Timo und Ben `streiten` noch.
Beide `wollen` vorne sitzen. Deshalb `verlieren` sie.
Die Mädchen `sein` schneller. Sie `gewinnen` das Wettrennen.

Was hast du am Wochenende erlebt?
Schreibe im Präteritum.
Am Samstag ...

Du kannst deinen Text auch am Computer schreiben.

im Präteritum unregelmäßige Verben zuordnen; Verben nach Grundform, Präsens und Präteritum ordnen; einen Text abschreiben und Verben im Präteritum einsetzen; einen eigenen Text im Präteritum schreiben   AH S. 48/49

Richtig schreiben

Wörter mit ck

1 Lest die Sätze. Was fällt euch auf?

Gespenster **spuken**.
Lamas **spucken**.
Im Bett liegt ein **Laken**.
Maler arbeiten mit Farben und **Lacken**.
Das Bild hängt am **Haken**.
Im Garten braucht man Spaten und **Hacke**.

2 Schreibe die Sätze aus **1** ab. Markiere **k** oder **ck** und den langen oder kurzen Selbstlaut davor.
Gespenster spu_ken. Lamas spu̮cken. ...

Ein ck folgt nur nach einem kurzen Selbstlaut.

3 Schreibe die Reimwörter richtig auf.
Markiere **ck** und den kurzen Selbstlaut davor. *fli̮cken, ki̮cken, ...*

flknbl

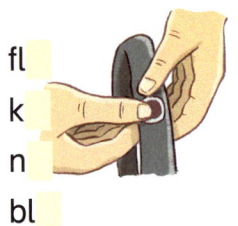

S
Gl
Ltr

Jb
Nverp

4 Überlege: **ck** oder **k**? Schreibe den Text richtig auf.
Gestern vor dem Frühstück ...

Gestern vor dem Frühstü★ ging ich zum Bä★er.
Da entde★te ich meinen Freund Lu★as. Er verste★te
sich in einer E★e und schle★te ein le★eres Scho★o-Eis.
Ich tippte ihm mit meinem Finger auf den Rü★en.
Da erschre★te er sich so sehr, dass er auf seine Ja★e kle★erte.
Zum Glü★ hatte ich im Ru★sa★ ein Pä★chen Taschentücher.

RIchtig schreiben

Wörter mit tz

1 Findet in jeder Zeile ein Wort, das nicht zu den anderen passt.

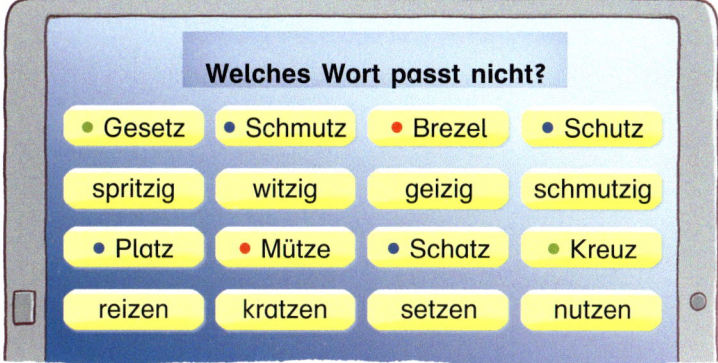

Welches Wort passt nicht?

- Gesetz • Schmutz • Brezel • Schutz
- spritzig witzig geizig schmutzig
- Platz • Mütze • Schatz • Kreuz
- reizen kratzen setzen nutzen

Ein **tz** folgt nur nach einem kurzen Selbstlaut.

Genau. Und **tz** steht nie nach einem Zwielaut.

2 Schreibe aus **1** nur die Wörter mit **tz** ab.
Markiere **tz** und den kurzen Selbstlaut davor.
Ges*e*tz, Schm*u*tz, …

3 Schreibe die Reimwörter richtig auf.
Schreibe so: spri*tz*en, bli*tz*en, …

spr
bl
schw
s

M
n
Pf
sch

Bl
W
Schl
sp

4 Überlege: **z** oder **tz**? Schreibe den Text richtig auf.
An einer Kreuzung …

An einer Kreu★ung saßen drei Spa★en
und pu★ten sich. Auf leisen Ta★en schlich
eine Ka★e heran. Plö★lich machte sie einen Sa★.
Die Spa★en flogen wie der Bli★ davon,
doch die rei★ende Ka★e landete in einer Pfü★e.

Richtig schreiben

Wörter ordnen und nachschlagen  109

1 Ordne die Wörter nach dem Alphabet. Achte auf den zweiten und dritten Buchstaben. *Baby, ...*

> Bauer • basteln • baden
> Baby • bald • Bahn • Bank

> groß • gießen • genug
> ganz • Gold • gucken • glatt

> Wörter werden nach dem **Alphabet** geordnet: **a**ber, **b**acken, **C**hor, …
> Wörter mit den gleichen Anfangsbuchstaben ordne ich
> nach dem zweiten oder dritten Buchstaben: **br**auchen, **Br**ief, **Bro**t, …

2 Finde in der Wörterliste alle Verben mit **g**.
Schreibe jeweils den Haupteintrag und die Nebeneinträge auf.
geben, es gibt, es gab, …

3 Finde die Nomen in der Wörterliste. Schreibe sie
in der Einzahl und in der Mehrzahl auf.
der Bus, die Busse, …

Nomen suche ich immer bei der Einzahl.

4 Löse die Rätsel. Schlage in der Wörterliste nach
und bilde zusammengesetzte Nomen.
a) der Berg + die Spitze = die Bergspitze, b) …

a) der Haupteintrag nach **bequem** + das letzte Nomen mit **Spi**
b) der Nebeneintrag vor **Kirche** + der Haupteintrag nach **Cent**
c) das zweite Nomen mit **R** + der Haupteintrag vor **Weg**
d) der Haupteintrag nach **rechts** + das erste Nomen vor **schützen**
e) das letzte Nomen mit **C** + der Haupteintrag nach **vier**

Richtig schreiben

Merkwörter mit stummem h

1 Lies den Text. Wie klingen die Selbstlaute vor dem stummen **h**?

Der Fahrradausflug

Gestern machte die Klasse 3b einen Ausflug mit dem **Fahrrad**. Nur ein Kind **fehlte**. Der **Lehrer** wollte Lina nicht **mitnehmen**, weil sie keinen **Fahrradhelm** dabeihatte. „**Ohne** Helm ist es im **Straßenverkehr** zu **gefährlich**", erklärte Herr **Hahn** den Kindern. Lina fand das nicht **sehr** schlimm, da sie sowieso nicht gern Rad **fährt**. Pünktlich um 13 **Uhr** wartete sie auf die **Rückkehr ihrer** Freunde. Als Überraschung haben sie **ihr** ein Stück **Sahnetorte** mitgebracht.

2 Schreibe die markierten Wörter aus ❶ ab.
Markiere das stumme **h** und den langen Selbstlaut davor.
Fahrradausflug, ...

3 Präge dir die Wörter aus einem Kasten gut ein.
Dann decke den Kasten ab. Schreibe möglichst
viele Wörter auswendig auf. Kontrolliere deine Schreibung.
ihr, ihm, ...

Wörter mit stummem h musst du dir gut merken.

| ihr • ihm • Zahl • mehr | fahren • wohnen • nehmen |
| ohne • wahr • Wahl | kehren • bewahren • nachahmen |

4 Bildet möglichst viele zusammengesetzte Wörter.
der Backenzahn, zahnlos, ...

• Zahn   • Uhr   • Jahr   • Lehrer

Üben und nachdenken

Meine Trainingsseiten

1 Lies den Text. Kennst du das Spiel?

Emil sucht im Internet ein Spiel aus vergangenen Zeiten. Stolz erzählt er seinen Freunden: „Damals spielte man Mehlschneiden. **Mitten in einem Mehlberg steckte ein Zahnstocher.** Nacheinander schnitten die Kinder etwas Mehl ab. Das Kind, bei dem der Zahnstocher wackelte, verlor das Spiel."

2 Schreibe den Text ab. Markiere alle Verben im Präteritum.
Emil sucht im Internet ...

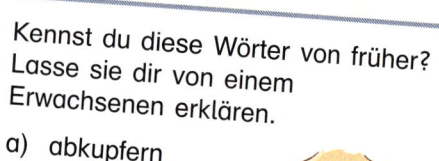

Kennst du diese Wörter von früher? Lasse sie dir von einem Erwachsenen erklären.
a) abkupfern
b) bauchpinseln
c) Firlefanz
d) piesacken
e) Mumpitz

3 Schreibe die Spielanleitung im Präsens auf.
Heute spielt man Mehlschneiden. ...

Das ist kein Mumpitz.

4 Finde im Text alle Wörter mit stummem **h**. Schreibe so:
erz<u>äh</u>lt, ...

LERNWÖRTER

die Entwicklung	belohnen, er belohnt	jährlich	ihr
die Hitze	entwickeln, sie entwickelt	nützlich	ihre
der Lohn	schützen, er schützt	ungefähr	trotzdem
der Rücken			

 Sieh dir die Lernwörter genau an. Dann lasse sie sie dir diktieren.

Üben und nachdenken

Quer durch das Kapitel

Beantworte die Fragen in ganzen Sätzen.
Schreibe die Antworten in dein Heft.

a) Auf der Kreuzung ...

a) Wie viele Spatzen saßen auf der Kreuzung?

b) Wo kaufte Bertha Benz Benzin?

c) Wann geht Adele in den Kräutergarten?

d) Was reimt sich auf **Socken**, **Locken** und **trocken**?

e) Wie viele Ritter entdeckst du bei der Ritterburg?

f) Welche drei Wörter sind deine Lieblingswörter aus dem Kapitel?

g) Welcher Text oder welches Bild hat dir am besten gefallen?

Blättere zurück und finde die Antworten.

Das haben wir gelernt

Toll fand ich ...

Stichworte helfen mir ...

Das Präteritum benutze ich, wenn ...

Diese Wörter mit stummem **h** habe ich mir gemerkt: ...

tz und **ck** folgen nur nach einem ...

Damals ...

6 Sprechen und zuhören

Freizeit und Medien

1. Was tun Oma und die Kinder?

2. Was machst du gern in deiner Freizeit?

3. Nutzt du Medien in deiner Freizeit? Welche? Wie oft nutzt du sie?

- Informiere dich: Welche Medien haben deine Eltern als Kinder genutzt?

Sprechen und zuhören

Kreative Fotos machen

1 Beschreibt die Fotos. Was macht sie besonders? Die Wörter im Kasten können euch helfen.

> Motiv • Zoom • Pose • Trick • Licht • Schatten
> nah • fern • hinten • vorne • klein • groß

Das ist doch eine optische Täuschung.

2 Posiert gegenseitig für Fotos. Beschreibt dazu genau, welche Position das Partnerkind einnehmen soll.

Fasse mit deiner rechten Hand an dein Ohr und stelle dich auf dein linkes Bein.

Gehe einen Schritt nach hinten.

Lege dich auf den Boden und ...

...

Okay, jetzt hebe deinen rechten Fuß.

3 Stellt eines der Bilder aus ❶ nach. Gebt euch passende Anweisungen und macht ein Foto. Wechselt die Rollen.

4 Habt ihr schon Fotos oder Videos gesehen, die nicht echt sein konnten? Wieso täuscht man mit Fotos? Diskutiert.

über die Eigenschaften von Fotos sprechen, Fachbegriffe kennenlernen;
Fotos nachstellen: sich gegenseitig Anweisungen geben und ihnen folgen, ein passendes Foto machen;
über digitale Medien nachdenken: über (bearbeitete) Fotos und Videos diskutieren, Vermutungen anstellen

Den Hauptteil einer Geschichte schreiben

1 Erzählt zu den Bildern eine Geschichte. Die Fragen helfen euch.

In der Nacht zu Sonntag brach der Dieb Diego in die Buchstabenbank ein. Dort stahl er einen Sack voller Buchstaben.

2 Welche Wörter helfen euch, den Hauptteil spannend zu gestalten?
Findet zu den Bildern in ❶ passende Verben, Adjektive und Satzanfänge.
Schreibt sie geordnet auf.

Verben: fliehen, wegfahren, ...
Adjektive: schnell, ...
Satzanfänge: plötzlich, ...

3 Schreibt zu den Bildern im Hauptteil
Sätze im Präteritum. Eure Wörter aus ❷ helfen euch.
Schreibt jeden Satz auf einen Papierstreifen.

> Schnell wollte der Dieb ...
>
> Kurz darauf ...

4 Was könnte der Dieb sagen oder denken?
Schreibt Sätze mit wörtlicher Rede
auf Papierstreifen.
Er schimpfte: „...!"
Er ...

Das kann doch nicht wahr sein!

Texte verfassen

Wie wurde das Problem gelöst?

Schluss
Wie endet die Geschichte?

Beim Schreiben hilft mir mein Schreibfächer.

Mit dieser Spur konnte die Polizei den Dieb leicht finden und festnehmen.

5 Legt alle eure Papierstreifen auf einen Haufen. Dann ordnet die Sätze den Bildern des Hauptteils zu.

6 Wählt die schönsten oder spannendsten Sätze gemeinsam aus. Schreibt die Geschichte mit Einleitung, Hauptteil und Schluss auf.

7 Lest euch eure Geschichten gegenseitig vor. Gebt euch Rückmeldungen. 113

An dem Hauptteil hat mir gut gefallen, dass ...

Die Geschichte wäre noch spannender, wenn ...

Könntest du noch ein paar Adjektive einbauen?

Sprache untersuchen

Zusammengesetzte Nomen

1 Lest den Text zum Buch.
Findet alle zusammengesetzten Nomen.

Die große Wörterfabrik

Das Bilderbuch erzählt die Liebesgeschichte
von Paul und Marie. Sie leben in einem Land,
in dem das Sprechen sehr teuer ist.
Im Land der Wörterfabrik müssen Wörter gekauft
und dann geschluckt werden, damit man sie aussprechen kann.
Wertlose Wörter wie „Hundekacka" oder „Hasenpipi"
findet man manchmal im Mülleimer, doch wertvolle Wörter
wie „lieb" oder „schön" sind fast unbezahlbar.

2 Zerlege die zusammengesetzten Nomen aus **1**.
Schreibe so: *Wörterfabrik = Wörter + Fabrik, ...*

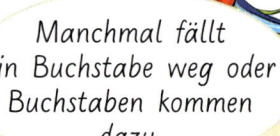

Manchmal fällt ein Buchstabe weg oder Buchstaben kommen dazu.

Nomen (Substantive) kann ich zusammensetzen.
Der Artikel (Begleiter) passt immer zum zweiten Nomen.
das Haus + die Tür = **die** Haustür,
die Kirsche + der Saft = **der** Kirschsaft, das Glück + der Pilz = **der** Glückspilz

3 Bilde zusammengesetzte Nomen.
Achtung: Manchmal musst du einen Buchstaben einsetzen.
Schreibe so: *die Hand + der Ball = der Handball, ...*

	+ n	+ s
• Hand + • Ball	• Sonne + • Blume	• Liebe + • Brief
• Müll + • Tonne	• Suppe + • Löffel	• Geburt + • Tag
• Segel + • Boot	• Pflaume + • Mus	• Liebling + • Eis

Sprache untersuchen

Zusammengesetzte Nomen: Verb + Nomen

1 Heute produziert die Wörterfabrik besondere Wörter.
Wie ist die Maschine eingestellt? Erkläre.

Schwimmbad, Schwimmring, Schwimmlehrer, Schwimmbecken, Schwimmflügel

> **Nomen** (Substantive) kann ich auch mit Verben zusammensetzen.
> trinken + die Flasche = die Trinkflasche,
> schneiden + der Zahn = der Schneidezahn

2 Zerlege die zusammengesetzen Nomen aus **1**.
Schreibe so: *Schwimmbad = schwimmen + Bad, …*

3 Schreibe die Sätze richtig auf. *Ein Seil, mit dem …*

Ein Seil, mit dem ich springe, ist ein …
Ein Weg, auf dem ich gehe, ist ein …
Eine Flasche, aus der ich trinke, ist eine …
Ein Schuh, mit dem ich turne, ist ein …
Ein Buch, in dem ich lese, ist ein …

4 Bilde möglichst viele zusammengesetzte Nomen. Schreibe so:
rennen + das Auto = das Rennauto, …

rennen   baden   klettern   +

- Auto
- Gerüst
- Seil
- Schuh
- Strecke
- Fahrer
- Tuch
- Anzug
- Wanne
- Hose
- See
- Wand

Findet weitere zusammengesetzte Nomen. Sucht in Zeitschriften oder Büchern. Gestaltet mit den schönsten Wörtern ein Plakat.

Sprache untersuchen

Mit Adjektiven vergleichen

1 Vergleicht die Dinge auf dem Bild.
Was ist **klein**? Was ist **kleiner**? Was ist **am kleinsten**?

Der Stift ist klein.
Der Würfel ist kleiner als der Stift.
... ist am kleinsten.

> Mit **Adjektiven** kann ich vergleichen. Dazu muss ich sie steigern.
> Der Stift ist **klein**. Der Würfel ist **kleiner**. Der Knopf ist **am kleinsten**.
>   Grundform   1. Vergleichsstufe   2. Vergleichsstufe

2 Vergleicht die Dinge in ❶ mit diesen Adjektiven. Schreibt so:
Das Lineal ist groß. Das Tablet ist größer. Das Buch ist am größten.

groß	größer	am größten
lang	länger	am längsten
leicht	leichter	am leichtesten
gesund	gesünder	am gesündesten

3 Vergleiche die Personen und Tiere auf den Bildern.
Schreibe so: *Milo ist stark. Sami ist stärker. Mila ist am stärksten.*

stark

schnell

schwer

Sprache untersuchen

4 Welche Adjektive gehören zusammen? Schreibe sie geordnet auf.
nah, näher, am nächsten, ...

Grundform	1. Vergleichsstufe	2. Vergleichsstufe
nah • hoch spannend • gut dunkel • viel	besser • höher mehr • spannender dunkler • näher	am dunkelsten • am meisten am spannendsten • am besten am höchsten • am nächsten

5 Schreibe die Sätze über Olli ab.
Setze die Adjektive passend ein.

am liebsten • schneller • besser
am schönsten • gesünder • klug

Olli kann schneller ...

Olli kann ▢ fliegen als alle anderen.
Er ist witzig und ▢.
Bananen und Nüsse isst Olli ▢.
Sie sind ▢ als Schokolade.
Der Sommer gefällt Olli ▢ als der Winter.
In der Sonne leuchten Ollis Federn ▢.

6 Schreibe die Sätze ab. Setze passende Adjektive ein.
Meine Schultasche ist ...

Meine Schultasche ist heute ▢ als deine.
Ela kann ▢ werfen als Milo.
Kannst du bitte etwas ▢ sprechen?
Im Sommer ist es ▢ als im Winter.
Das Gegenteil von schnell ist ▢.
Das neue Spiel finde ich am ▢.

Ist eine Flasche leerer als die anderen?

 Findet Adjektive, die man nicht steigern kann.
Ein Wörterbuch kann euch helfen.

6 Richtig schreiben

Wörter gezielt nachschlagen  109

1 Wie finden Naomi und Emil die richtige Schreibweise?

2 Zerlegt die zusammengesetzten Nomen. Schlagt beide Wörter nach.
Schreibt so: *schwimmen und Flügel — die Schwimmflügel, ...*

3 Finde in der Wörterliste mindestens fünf Adjektive mit Vergleichsstufen. Schreibe so:
alt, älter, am ältesten, ...

In der Wörterliste stehen nur die unregelmäßigen Formen.

4 Schreibt die Sätze im Präteritum auf.
Überprüft die Verben mit der Wörterliste.
Zum Frühstück aß ich ...

Zum Frühstück essen ich Müsli und trinken ein Glas Saft.
Die Lehrerin fragen etwas, doch Simon wissen die Antwort nicht.
Isa werfen mir den Ball zu. Ich fangen den Ball mit einer Hand.
Nach der Schule gehen Emir nach Hause. Er fahren mit dem Bus.

Richtig schreiben

Strategien anwenden

1 Lest den Witz. Erklärt die richtigen Schreibweisen.

> **Witzewettbewerb**
>
> Wo sollte ein Hunt niemals einkaufn gehen?
>
> Auf dem flohmarkt!

2 Schreibt den Fehlertext richtig auf. Malt jeweils das passende Strategiezeichen darüber. *Zwei Zahnstocher …*

> Zwei Zahnstochr gehen im Walt spazieren. Plötzlich kommt ein Igel forbei. Sakt ein Zahnstocher zum anderen: „Ich wusste gar nicht, dass hier ein bus fehrt."

3 Würfele und ziehe vor. Erkläre die richtige Schreibweise. Weißt du keine passende Strategie, gehe zurück zum Start.

Ihr braucht einen Würfel und zwei Figuren.

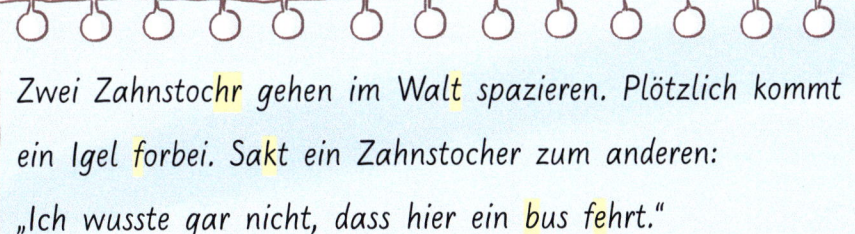

6 Üben und nachdenken

Meine Trainingsseiten

1 Lies den Text. Was fällt dir auf?

Nachmittags hat Mila Training. **Sie fährt** mit ihrem **neuen Roller**. Dann kommt ein schnelles Auto aus einer Straße angerast. Der junge Fahrer sieht Mila nicht. Dann muss Mila scharf bremsen und stürzt auf den harten Gehweg. Dann steigt der Fahrer aus. Er hilft ihr. Aber Mila hat sich nicht verletzt. Dann kommt Mila mit dem Schrecken davon.

2 Schreibe den Text ab. Ersetze **Dann** durch verschiedene Satzanfänge.
Nachmittags ...

3 Finde im Text drei Adjektive. Schreibe sie mit ihren Vergleichsstufen auf.
neu, neuer, am neusten, ...

4 Bilde zusammengesetzte Nomen.
schaukeln + der Stuhl = der ...

  schaukeln • liegen • Kind • ...

Vergleicht die Dialekte. Findet Gemeinsamkeiten und Unterschiede.

Koppstibolter • Purzelbaum • Kusselkopp • Kobolz • Kalabums • Kopsterbölter • Pusselkopp • Kisselköpper

Und wie sagst du dazu?

LERNWÖRTER

der Abend	fliegen, er fliegt	alt	doch
das Flugzeug	kriegen, sie kriegt	gut	schließlich
der Nachmittag	lassen, sie lässt	hart	schon
		hoch	

 Finde die Lernwörter im Wörterbuch. Schreibe sie mit Nebeneinträgen auf.

Üben und nachdenken

Quer durch das Kapitel

Blättere zurück und finde die Antworten.

Beantworte die Fragen in ganzen Sätzen.
Schreibe die Antworten in dein Heft.

Das Mädchen …

a) Wie heißt das Mädchen im Buch „Die Wörterfabrik"?

b) Welches Tier auf Seite 78 ist am schnellsten?

c) Wie heißt der Dieb, der mit dem Fahrrad flieht?

d) Welches Obst isst Olli am liebsten?

e) Was ist blau gestreift und liegt auf dem Bootssteg?

f) Welche drei Wörter sind deine Lieblingswörter aus dem Kapitel?

g) Welcher Text oder welches Bild hat dir am besten gefallen?

Das haben wir gelernt

Das habe ich noch nicht verstanden …

Dieses Thema kann ich richtig gut …

Welche Tricks gibt es für das Suchen in der Wörterliste?

Ich weiß, wie man einen spannenden Hauptteil schreibt.

Was ist eine optische Täuschung?

Mit viel Fantasie

1. Was bedeutet „jemandem einen Bären aufbinden"?

2. Wann hast du schon einmal „jemandem einen Bären aufgebunden"?

3. Warum sagen wir nicht immer die Wahrheit?
   Ist es in Ordnung zu lügen?

Lest Geschichten, in denen gelogen wird, zum Beispiel *Pinocchio*, *Karlsson vom Dach* oder *Pippi Langstrumpf*. Stellt sie in der Klasse vor.

Sprechen und zuhören

Geschichten erzählen

1 Lest den Text. Warum heißt Flori **Flunker**fisch?

Einst lebte ein Fisch
und der hieß Flori Flunkerfisch.
Er sah nicht nach viel aus,
grau und schuppig war er bloß.
5 Doch wenn er erst mal redete,
dann gab's auch was zu hören,
denn Flunkerfisch war klein,
doch seine Fantasie war groß.

Axel Scheffler

Jeden Tag kam Flori zu spät zur Schule und tischte eine neue
10 spannende Geschichte auf: Einmal vergaß er die Zeit,
als er auf dem Weg zur Schule auf einem Seepferdchen ritt,
ein anderes Mal wurde er beinahe von einem Kraken verschluckt …

2 Welche Geschichten könnte Flori noch erzählen?
Erfindet eigene kleine Flunkergeschichten und erzählt sie euch.
Die Bilder können euch helfen.

3 Erzählt wahre oder geflunkerte Geschichten aus eurem Leben.
Stimmt ab: Wahrheit oder Lüge?

Texte verfassen

Eine Fantasiegeschichte schreiben

1 Seht euch das Bild an. Wohin könnten die Kinder reisen?

2 Lies deinem Partnerkind die Sätze langsam vor. Mach nach jedem Satz eine Pause. Tauscht danach.

- Suche dir ein Kind aus dem Bild in **1** aus.
- Nun schließe die Augen.
- **Wer** bist du? **Wohin** geht deine Reise?
- **Was** erlebst du auf deiner Reise? Triffst du jemanden? Passiert etwas Ungewöhnliches oder Spannendes?
- **Wo** und **wie** endet deine Reise?

3 Sammelt eure Ideen und Gedanken aus **2** in einer Mind-Map.

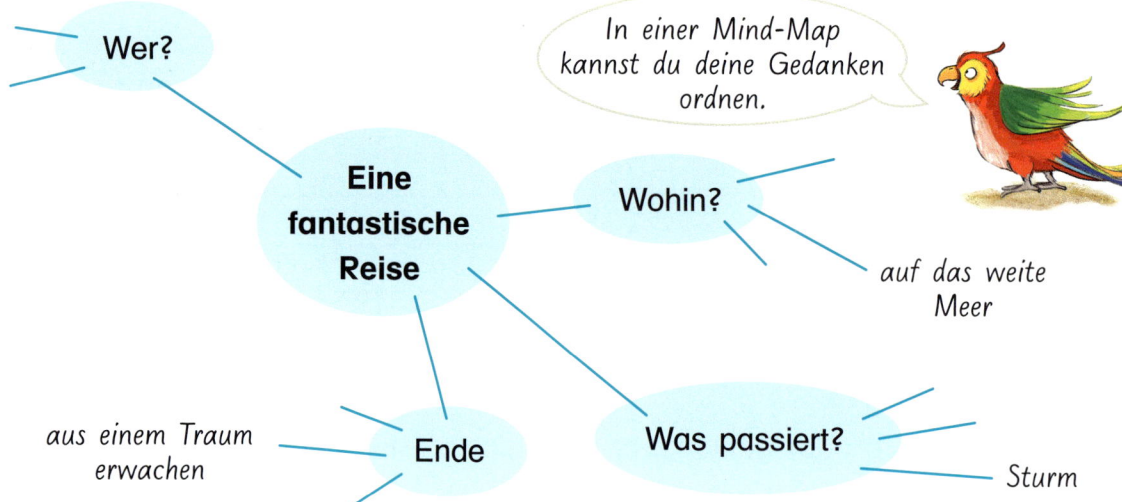

In einer Mind-Map kannst du deine Gedanken ordnen.

Texte verfassen

4 Plane nun deine Geschichte und ordne deine Ideen.
Was gehört zur Einleitung, zum Hauptteil und zum Schluss?

Einleitung
- Papierboot falten
- ...

Hauptteil
- Sturm, meterhohe Wellen
- ...

Schluss
- wieder zu Hause
- ...

5 Schreibe deine Fantasiegeschichte im Präteritum auf.
Tipp: Schreibe nur in jede zweite Zeile, dann hast du Platz zum Überarbeiten.

6 Überprüfe deine Fantasiegeschichte mit Hilfe der Checkliste.

Fantasiegeschichte
- Handelt der Text von Figuren, Dingen und Orten aus der Fantasie?
- Gibt es Einleitung, Hauptteil und Schluss?
- Wird der Reihe nach erzählt (roter Faden)?
- Ist der Text im Präteritum geschrieben?
- Wird wörtliche Rede verwendet?
- Werden treffende Verben, Adjektive und unterschiedliche Satzanfänge verwendet?
- Passt die Überschrift?

Mein Schreibfächer hilft mir dabei.

7 Trefft euch in einer Schreibkonferenz.
Überprüft eure Texte gemeinsam. 113

8 Überarbeite deine Geschichte.

Gestaltet ein Buch mit den Fantasiegeschichten eurer Klasse.

eine Fantasiegeschichte planen: Ideen nach Einleitung, Hauptteil und Schluss ordnen und in Stichworten aufschreiben; eine Fantasiegeschichte schreiben und anhand von Schreibkriterien überprüfen; Schreibkonferenz: sich die Geschichten gegenseitig vorlesen und Rückmeldungen geben; seine Geschichte überarbeiten; gemeinsam ein Buch gestalten

Das Prädikat

1 Wer tut was ? Baut kurze Sätze.

Der Zauberer zaubert.

Der Ritter reitet.
schwimmt. Dornröschen
Der Zauberer zaubert.
Die Hexe kocht.
Die Meerjungfrau schläft.

> Das **Prädikat** ist ein Satzglied. Es antwortet auf die Frage „**Was tut …?**".
> **Was tut** der Zauberer? Der Zauberer **zaubert**.

2 Fragt in den Sätzen aus **1** nach dem Prädikat.
Schreibt Frage und Antwort auf. Markiert das Prädikat rot.
Was tut der Zauberer? Der Zauberer zaubert.
Was tut …

3 Schreibe die Sätze ab. Markiere das Prädikat rot.
Drachen machen tolle Sachen. Grüne Drachen …

> Das Prädikat ist immer ein Verb.

Drachen	machen	tolle Sachen.
Grüne Drachen	spucken	Feuer.
Gelbe Drachen	lachen	laut.
Rote Drachen	tanzen	Tango.
Lila Drachen	lieben	Lollis.

4 Schreibe die Fragen ab. Markiere das Prädikat rot.
Boxen blaue …

Schmatzen schwarze Drachen schrecklich?

Boxen blaue Drachen Bären?   Rechnen rosa Drachen richtig?

Sprache untersuchen

Das Subjekt

1 **Wer oder was** ist es?
Überlegt und schreibt die Sätze auf.
Der Zwerg sammelt ...

Wer oder was?

... sammelt Beeren im Wald.

... reitet auf einem Drachen.

... schlägt das große Märchenbuch auf.

... verzaubert den Frosch.

Das **Subjekt** ist ein Satzglied. Es antwortet auf die Frage
„**Wer oder was** tut etwas ...?".
Der Zwerg sammelt Beeren im Wald.
Wer oder was sammelt Beeren im Wald? → **der Zwerg**

Das Subjekt kann aus mehreren Wörtern bestehen!

---

2 Schreibe die Sätze ab und setze das passende Subjekt ein.
Markiere das Subjekt blau. *Der alte Zauberer lebt ...*

ein grüner Drache
Der alte Zauberer
leckeres Brot
Ein Einhorn
die kleine Fee

 lebt hinter dem dunklen Wald.

In seiner Burg wohnt auch .

Jeden Morgen kommt  zum Frühstück.

Auf dem Tisch steht 🍞. 🦄 bringt den Kakao.

3 Fragt bei den Sätzen in **2** nach dem Subjekt.
Schreibt die Fragen und Antworten so auf:
Wer oder was lebt hinter dem dunklen Wald? → der alte Zauberer

4 Was passiert noch in der Burg des Zauberers? Schreibe Sätze.
Markiere das Prädikat rot und das Subjekt blau. *Ein Papagei plappert ...*

Zusammengesetzte Adjektive

1 Seht euch das Bild an. Welches Problem hat die große Fee?

Heute möchte ich meinen blauen Zauberstab.

Welchen Zauberstab meinst du?

2 Beschreibe die blauen Zauberstäbe aus **1** genau.
Der erste Zauberstab ist hellblau. ...

| hell + blau | dunkel + blau | grau + blau | blau + grün |

Mit **zusammengesetzten Adjektiven** kann ich genauer beschreiben.
hell + rot → hellrot, der Blitz + schnell → blitzschnell

---

3 Immer ein Nomen und ein Adjektiv passen zusammen.
Bilde zusammengesetzte Adjektive.
Kugel + rund → kugelrund, Schnee + ...

Ich bin superschlau, bärenstark und ...

Kugel · Schnee · Himmel
Pfeil · Eis · Feder · Zucker

+

süß · weiß · leicht · kalt
rund · schnell · blau

4 Bilde zusammengesetzte Adjektive. Schreibe die Sätze richtig auf.
Ich bin eine Sonnenblume und gelb wie die Sonne. Ich bin sonnengelb.

Ich bin eine Sonnenblume und **gelb wie die Sonne**. Ich bin …
Sie ist eine Prinzessin und so **schön wie ein Bild**. Sie ist …
Er ist ein Frosch und so **grün wie Gras**. Er ist …
Es ist ein Kobold. Seine Haare sind **rot wie Feuer**. Sie sind …

Richtig schreiben

Wörter am Ende der Zeile trennen

1 Vergleicht den Zeitungsartikel mit dem Hefteintrag. Was fällt euch auf?

Gute Nachrichten für Aufräum-muffel

26.04.2021
Den Satz „Räum bitte dein Zim-mer auf!" wirst du vielleicht nie wie-der hören. Eine Gruppe amerikani-scher Forscher und Forscherinnen hat herausgefunden, dass ein biss-chen Chaos im Raum die Fantasie anregt. In einem unordentlichen Kin-derzimmer könnte es also super-leicht sein, neue Ideen zu entwickeln. Nicht umsonst war Albert Einstein ein unverbesserlicher Chaot. Wenn deine Eltern das nicht überzeugt …

26.04.2021
Gute Nachrichten für Aufräummuffel
Den Satz „Räum bitte dein Zimmer
auf!" wirst du vielleicht nie wieder hören.
Eine Gruppe amerikanischer Forscher
und Forscherinnen hat herausgefunden,
dass ein bisschen Chaos im Raum die

Die meisten Wörter kann ich nach Sprechsilben trennen.
Nach-rich-ten, zau-bern, Fan-ta-sie
Bei manchen Wörtern muss ich jedoch aufpassen.
die **O**ma, la-**ch**en, wa-**sch**en, der Da-**ck**el, knu**sp**-rig

Einen einzelnen Selbstlaut darf ich nicht abtrennen!

2 Trennt die Wörter so oft wie möglich. Beachtet die Trennregeln.
Oma, Ana-nas, …

- Ananas
aber
- Ofen

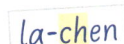
- Drache
suchen
machen

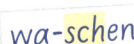
löschen
rascheln
- Tasche

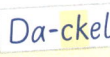
stecken
- Decke
packen

3 Schreibe den Zeitungsartikel aus **1** ab. Schreibe immer bis zum Ende der Zeile und trenne das letzte Wort, wenn es möglich ist. ⚓ 108

Gute Nachrichten für Aufräum-
muffel

Richtig schreiben

Komma bei Aufzählungen

1 Zählt Wochentage, Monatsnamen oder Jahreszeiten auf.
Was könnt ihr noch aufzählen?

2 Was gehört zusammen? Schreibt auf und markiert die Kommas.
a) lesen, schreiben und rechnen, b) Einleitung, ...

a) lesen, schreiben   werfen
b) Einleitung, Hauptteil   Meer
c) laufen, springen   **und**   rechnen
d) Palmen, Strand, Sonne   Mund
e) Augen, Nase, Ohren   Schluss

> Zwischen **Aufzählungen** steht ein **Komma**.
> Achtung: Vor **und/oder** steht kein Komma.
> Am Montag, Dienstag und Mittwoch gehe ich zum Sport.
> Ich laufe, turne, tanze oder singe gerne.

3 Schreibe die Sätze ab. Setze die Kommas.
Morgens hat Sami Pflaumen, Äpfel oder ...

Morgens hat Sami Pflaumen Äpfel oder Tomaten in seiner Brotdose.
Mittags trinkt Sami Milch aus einem Glas einer Tasse oder einem Becher.
Sein Brot belegt Sami abends mit Käse Schinken oder Salami.

4 Schreibe die Sätze ab und ergänze. Meine Lieblingsfächer sind ...

Meine Lieblingsfächer sind   ,   und   .
Zum Frühstück esse ich gern   ,   oder   .
Meine Lieblingstiere sind ... In meiner Schultasche sind ein ...

Richtig schreiben

Kleine Merkwörter

1 Lest den Text. Vergleicht die fett gedruckten Wörter.

Zauberei

Ein **Mann** entdeckt ein altes Buch. „Ob **man** darin wohl einen Zauberspruch findet?", fragt sich der **Mann**. Er liest eine Anleitung, mit der **man** eine Kröte in eine Prinzessin verzaubern kann. Dort steht: **Man** nehme dreimal Klee und zweimal Tee, verrühre es gut und klatsche laut in die Hände. „Das kann **man** schaffen, wenn **man** will", denkt sich der **Mann**. Plötzlich knallt es laut. Vor ihm steht ein bunter Papagei.

2 Schreibe den Text aus **1** ab.
Ersetze **Mann** durch ein Strichmännchen. Markiere **man**.

Zauberei
Ein  *entdeckt ...*

3 Male eine große Sonne mit acht langen Strahlen.
Schreibe die Wörter so oft wie möglich auf die Strahlen.

| als | von | ob | sehr |
| und | sind | ganz | im |

als, als, als
von, von, ...

4 Schreibe die Sätze ab. Setze die Wörter passend ein.
Meine Freundin ...   ihr • ihnen • ihm

Meine Freundin liebt Bücher. Ich schenke ___ ein Märchenbuch.
Tom mag Gruselfilme. Am besten gefallen ___ Filme mit Vampiren.
Ela und Dennis malen Fantasietiere. Sie sind ___ gut gelungen.

7 Üben und nachdenken

Meine Trainingsseiten

1 Lies Milos Text. Was fehlt bei den Sätzen?

Meine besten Freunde sind Mila Sami Ela Emil und Naomi Wir treffen uns in der Schule beim Training oder am Bootshaus Dort rennen werfen und springen wir gern um die Wette Im Sommer schwimmen schnorcheln und tauchen wir im See **Am liebsten springen Emil** und **ich** ins **eiskalte Wasser.**

2 Schreibe den Text richtig auf. Setze alle Satzzeichen und markiere sie. *Meine ...*

3 Bilde zusammengesetzte Adjektive.
Hunde + müde = hundemüde, ...

| Hunde + müde | Bild + schön |
| Blitz + blank | Bären + stark |

Kannst du Englisch?
Ordne passend zu.
a) Fee – fairy, b) ...

a) b) c) d) e)

fairy
king
queen
dragon
unicorn

Kennst du die englische Queen?

4 Schreibe Sätze über Milo und seine Freunde. Markiere das Prädikat rot und das Subjekt blau.

LERNWÖRTER

die Flasche	aufwachen, es wacht auf	dunkel	nun
die Kirche	erschrecken, er erschrickt	gerade	oder
die Kirsche	verstecken, sie versteckt (sich)		über
der Schnupfen			unter

Schreibe die Lernwörter mit Trennstrichen auf.

einen Übungstext abschreiben und Satzzeichen einsetzen, zusammengesetzte Adjektive bilden; eigene Sätze schreiben, Subjekt und Prädikat markieren; einen Übungssatz untersuchen: Stolperstellen markieren, Strategien anwenden, Nomen, Verben und Adjektive erkennen; englische und deutsche Wörter zuordnen; Lernwörter üben: mit Trennstrichen aufschreiben

Üben und nachdenken

Quer durch das Kapitel

Blättere zurück und finde die Antworten.

Beantworte die Fragen in ganzen Sätzen.
Schreibe die Antworten in dein Heft.
Flori Flunkerfisch …

a) Auf welchem Tier ritt Flori Flunkerfisch?

b) Für welches Wort steht das  auf Seite 93?

c) Was trägt Olli auf Seite 84?

d) Welche Farbe hat der Frosch?

e) Was tun lila Drachen?

f) Welche drei Wörter sind deine Lieblingswörter aus dem Kapitel?

g) Welcher Text oder welches Bild hat dir am besten gefallen?

Das haben wir gelernt

Wenn ein Wort nicht in die Zeile passt, …

Diese Satzglieder kenne ich: …

Wie bilde ich ein zusammengesetztes Adjektiv?

Ich weiß, wie man eine Fantasiegeschichte plant.

In einer Schreibkonferenz …

8 Sprechen und zuhören

Überall Wasser?

1. Wo entdeckt ihr Wasser auf dem Bild?

2. Wozu brauchen wir Wasser?

3. Überlegt: Wie kann Wasser schmecken, aussehen oder riechen? Wie kann es sich anfühlen oder anhören?

Seht euch einen Globus oder eine Weltkarte an. Warum heißt die Erde auch „Blauer Planet"?

Sprechen und zuhören

Über die Zukunft nachdenken

1 Lest den Text. Klärt schwierige Wörter.

Der Meeresspiegel gibt an, wie hoch das Wasser in den Meeren steht.

Was passiert, wenn sich die Erde erwärmt?

Unsere Erde hat sich in den letzten 100 Jahren um ungefähr ein Grad Celsius erwärmt. Durch diese Erderwärmung schmilzt das Eis am Nordpol und Südpol.
5 Deshalb steigt der Meeresspiegel immer weiter an.
Für Menschen und Tiere, die an der Küste wohnen, kann das sehr gefährlich werden. Überschwemmungen können
10 Häuser und Ernten zerstören. Einige Gebiete könnten im Meer versinken. Vielleicht hast du selbst schon starken Regen, heftige Stürme oder lange Hitzewellen erlebt? Auch das sind Folgen der Erderwärmung. Klimaschützerinnen und Klimaschützer fordern uns deshalb auf, verantwortungsvoller mit unserer Erde umzugehen.

2 Diese Ideen könnten die Erderwärmung verlangsamen.
Wie könnt ihr als Kinder dabei helfen? Diskutiert.

weniger Auto fahren	regional (vor Ort) einkaufen	Recycling
Wasser sparen	Strom sparen	Bäume pflanzen

3 Denkt gemeinsam weiter. Was wäre, wenn …

… jedes Kind in Deutschland einen Baum pflanzt?
… alle Eisberge am Nord- und Südpol schmelzen würden?

Das wären etwa 11 Millionen Bäume!

Finde eigene Fragen wie in **3**. *Was wäre, wenn …?*

Texte verfassen

Eine Fabel lesen und nacherzählen

1 Lest die Fabel mit verteilten Rollen.

Der Fuchs und der Ziegenbock

Fuchs und Ziegenbock gingen spazieren.
Nach einer Weile bekamen sie Durst.
Da entdeckten sie einen Brunnen. Der Bock sprang sofort hinein und
trank genüsslich von dem kalten Wasser. Der Fuchs überlegte kurz.
5 Dann sprang er dem Bock hinterher.
Nachdem er genug getrunken hatte, sagte der Fuchs: „Das Wasser tat gut,
mein Freund. Aber wie kommen wir hier wieder heraus?"
„Du hast bestimmt eine gute Idee", entgegnete der Ziegenbock.
„Nun gut. Stell dich aufrecht hin und lehne dich gegen die Wand!",
10 befahl der Fuchs dem Bock.
„Ich steige auf deinen Rücken und klettere hinauf."
Der Ziegenbock staunte über den schlauen Fuchs. Er machte sich
so lang wie möglich, sodass der Fuchs problemlos über ihn hinweg-
klettern konnte. Nur einen Moment später war der Fuchs in Freiheit.
15 „Du bist gescheit und geschickt", bewunderte der Ziegenbock seinen
Gefährten. „Aber wie komme ich nun heraus?"
Der Fuchs lachte. „Hättest du nur so viel Verstand im Kopf wie Bart
am Kinn, wärst du nicht ohne nachzudenken in den Brunnen
gestiegen. Ich muss jetzt leider weiter. Lebe wohl!"

nach Jean de La Fontaine

2 Die Tiere in Fabeln haben menschliche Eigenschaften.
Was sind die Eigenschaften von Ziegenbock und Fuchs? Ordne zu.

> hinterlistig • schlau • leichtgläubig • hilfsbereit • gutmütig • gierig
> dumm • freundlich • ängstlich • großzügig • angeberisch • mutig

Texte verfassen

3 Lest den letzten Abschnitt der Fabel noch einmal.
Welche Moral passt zu dieser Geschichte? Diskutiert.

> Geteilte Freude ist doppelte Freude.

> Wer zu spät kommt, verpasst das Beste.

> Erst denken, dann handeln.

> Wenn sich zwei streiten, freut sich der Dritte.

4 Erzählt euch die Fabel gegenseitig. Die Bilder helfen euch.

In Fabeln reden die Tiere genauso viel wie ich.

5 Schreibe die Fabel mit deinen eigenen Worten auf. Nutze die Checkliste.

6 Trefft euch in einer Schreibkonferenz. 113
Besprecht eure Fabeln und überarbeitet sie.

Fabel
- Stimmt die Reihenfolge?
- Sprechen die Tiere?
- Ist die Fabel im Präteritum geschrieben?
- Gibt es eine Lehre/Moral am Ende?

Lies weitere Fabeln.

über eine Fabel sprechen: die Moral der Fabel verstehen; die Fabel anhand von Bildern nacherzählen, aufschreiben und anhand von Schreibkriterien überprüfen; Schreibkonferenz: sich die nacherzählten Fabeln gegenseitig vorlesen und Rückmeldungen geben; seine Fabel überarbeiten

Der nachgestellte Redebegleitsatz

1 Vergleicht die beiden Sätze. Was ändert sich?

> **Oma fragt:** „Wollen wir heute schwimmen gehen?"

> „Wollen wir heute schwimmen gehen?", **fragt Oma**.

> Der Redebegleitsatz kann hinter der wörtlichen Rede stehen.
> Vor dem **nachgestellten Redebegleitsatz** steht ein Komma.
> „Ich gehe heute mit Oma ins Schwimmbad", **sagt Milo**.
> „Kannst du kraulen?", **fragt Emil**.
> „Ich bin als Erste am Beckenrand!", **ruft Oma**.

Achte auf die Satzschlusszeichen!

2 Schreibe die Sätze aus **1** auf.
Unterstreiche den Redebegleitsatz.
Markiere alle Satzzeichen.

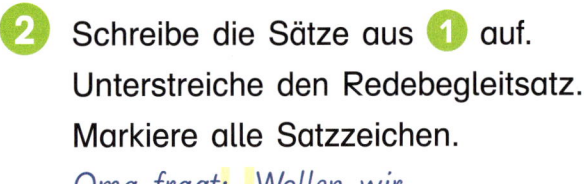

3 Welcher Redebegleitsatz passt? Ordne zu und schreibe auf.
„Wann öffnet ...

„Wann öffnet das Schwimmbad?", ___ .
„Das Schwimmbad öffnet um 10 Uhr", ___ .
„Du brauchst eine Badehose und ein Handtuch", ___ .
„Lass uns um die Wette schwimmen!", ___ .
„Darf ich bitte noch ein Eis essen?", ___ .
„Ich bin vom Schwimmen richtig müde", ___ .

antwortet Sami.
bettelt Milo.
ruft Oma.
fragt Emil.
sagt Mama.
jammert Mila.

4 Überprüfe deine Sätze aus **3**. Unterstreiche den Redebegleitsatz und markiere alle Satzzeichen.

Sprache untersuchen

5 Schreibe die Sätze richtig auf.
Setze die passenden Satzzeichen ein.
„Du bist …

- Du bist ein guter Schwimmer ▢ staunt Oma.
- Möchtest du in einem Schwimmverein schwimmen ▢ fragt sie.
- Das ist eine gute Idee ▢ meint Milo.
- Komm, wir erkundigen uns beim Bademeister ▢ schlägt Oma vor.
- Wir trainieren immer donnerstags ▢ erklärt der Bademeister.

6 Überlegt euch passende Redebegleitsätze. Schreibt sie einmal hinter und einmal vor die wörtliche Rede.
„Schwimmen ist mein neues Hobby", erzählt Milo.
Milo erzählt: „…

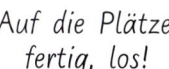

7 Schreibe zu den Bildern eine Geschichte. Verwende die wörtliche Rede.

Sprache untersuchen

Fremdwörter

1 Lest die Speisekarte. Warum sind manche Wörter schwierig zu lesen?

2 Was magst du, was magst du nicht?
Schreibe die Speisen aus **1** geordnet auf.
Ich mag: Burger mit ...
Ich mag nicht: ...

Wörter aus anderen Sprachen muss ich mir merken.

3 Schreibe den Text ab.
Setze die Fremdwörter passend ein.
Camping am Meer
Sami ...

Pool · cool · Campingplatz
Camping · Cousine · Tablet
Badeshorts · chattet · surfen

Camping am Meer

Sami fährt mit seinem Onkel, seiner Tante und seiner ▭ Mara zum Zelten ans Meer. Auf dem ▭ gibt es einen riesigen ▭. Wie ▭! Sofort springt Sami mit seinen neuen ▭ ins Wasser. Abends ▭ Sami mit seinen Eltern oder hört Musik auf dem ▭. Nächstes Jahr möchte Sami am Meer ▭ lernen.

Richtig schreiben

Viele Mitlaute nacheinander

1 Lest die Wörter. Warum kann es euch hier helfen, ganz deutlich zu sprechen?

- Ma**kt**pl atz
- He**rbstsp**aziergang
- Einkauf**ss**traße
- Wun**schbr**unnen
- Linsensuppe 4,90

2 Schreibe die Wörter aus ❶ ab. Zeichne Silbenbögen und markiere die Selbstlaute. *Marktplatz, ...*

3 In diesen Wörtern fehlen die Selbstlaute. Schreibe die Wörter richtig auf. Schreibe so: *die Rutsche, ...*

die R★tsch★   die Pfl★nz★   v★rschm★tz★n   der G★b★rtst★g
die K★rsch★   die ★mpf★ung   schl★chz★n   der ★ngstschw★ß

4 Schreibe den Text ab und setze die Wörter ein.
Jeden Mittwoch ist Markt ...

Jeden Mittwoch ist ▢ in unserer ▢. Ein ▢ verkauft dort frischen Fisch. Nach der ▢ im ▢ gibt es leckere Äpfel und Birnen vom Bauern. Dieses ▢ mag ich besonders gerne.

| Angler |
| Ernte |
| Markt |
| Herbst |
| Obst |
| Stadt |

5 Bilde zusammengesetzte Nomen. Markiere die schwierigen Stellen.

Diese Wörter sind richtig gemein.

*das Bett + das Tuch → das Bet**t**tuch, der Schritt + ...*

das Bett • der Schritt   das Tempo • die Fahrt
das Ballett • das Schiff der Tänzer • das Tuch

Strategie „Wörter in Silben gliedern": Wörter mit vielen Mitlauten hintereinander üben; Silbenbögen zeichnen und Selbstlaute markieren; Selbstlaute einsetzen; einen Text abschreiben und Nomen passend einsetzen; zusammengesetzte Nomen bilden und schwierige Stellen markieren

Richtig schreiben

Wörter mit silbentrennendem h

1 Lest den Text. Könnt ihr das **h** in den Wörtern hören?

„Darf ich mir heute deine Schuhe leihen?",
fragte der kleine Uhu seinen Vater.
„Meine Zehen sind zu lang. Ich kann in meinen
Schuhen nicht mehr gehen."

2 Schreibe die markierten Wörter aus **1** auf.
Zeichne Silbenbögen und markiere das **h**. *Schuhe, ...*

Ein **silbentrennendes h** steht zwischen zwei Selbstlauten (Vokalen).
Es eröffnet die nächste Silbe. In allen verwandten Wörtern bleibt
das **h** enthalten. gehen, er geht; sehen, sie sieht, sie sah

---

3 Setze die Silben passend zusammen. *drehen, ...*

Ah, vor dem h werden die Silben getrennt!

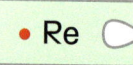 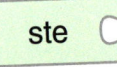 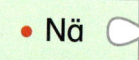

4 Ordne den Verben ihre Grundform zu.
Schreibe so: *er verleiht → verleihen, ...*

| er verleiht • es geschieht | verleihen • geschehen |
| sie zieht • es weht • sie blüht | wehen • ziehen • blühen |

5 Finde verwandte Wörter, die dir helfen,
das **h** zu hören. Schreibe so:
die Nähmaschine — nähen, ...

• **Näh**maschine • **Steh**lampe
• **Glüh**würmchen
• **Fernseh**programm

Richtig schreiben

Merkwörter mit ai

1 Seht euch das Kalenderblatt an. Was verwirrt Emil?

Ich höre ei, aber schreibe ai.

Wörter mit **ai** sind **Merkwörter**.
Diese Wörter muss ich mir gut merken.
der H**ai**, der M**ai**, der M**ai**s

Ai ist ein chinesischer Vorname und bedeutet Liebe.

2 Ordnet passend zu. Markiert **ai**.
*die S**ai**te: ein Teil einer Gitarre oder Geige, ...*

- Saite
- Taifun
- Laib
- Main
- Kai

- ein großer Fluss in Deutschland
- ein starker Wirbelsturm
- ein ganzes Brot oder ein ganzer Käse
- eine Hafenmauer, an der Schiffe anlegen
- ein Teil einer Gitarre oder Geige

3 Überlege: **ai** oder **ei**? Schreibe die Wörter geordnet auf. Kontrolliere mit der Wörterliste.
ai: der Maiskolben, ...
ei: ...

4 Findet eigene Beschreibungen wie in **2**. *der Kaiser: ...*

- Kaiser
- Mais
- Hai
- Mai

8 Üben und nachdenken

Meine Trainingsseiten

1 Lies den Text. Wie funktioniert die Kläranlage?

„Ich habe alles gefunden, was wir für unsere Kläranlage brauchen!", ruft Mila. In ihrem **Korb liegen** viele **Dinge**. Sami entdeckt Kaffeefilter und Dosen mit Holzkohlestaub, Sand, Kies und Watte. „Fehlt noch etwas?", fragt Emil.
„Wir brauchen noch eine leere Plastikflasche", weiß Sami. Gut, dass er immer eine Flasche Wasser im Rucksack hat.

KAFFEEFILTER
HOLZKOHLESTAUB
FEINER SAND
FEINER KIES
GROBER KIES
WATTE

2 Schreibe den Text ab. Unterstreiche alle Redebegleitsätze und markiere die Redezeichen. „Ich habe ...

3 Finde im Text alle Wörter mit drei Mitlauten hintereinander. entdeckt, ...

4 Finde zu jedem Wort zwei verwandte Wörter. Schreibe so: sehen, Fernseher, ...

sehen • Schuhe • Ruhe • drehen

👥 Vergleicht die Titel der Fabel.

Le renard et le bouc 🇫🇷
The fox and the goat 🇬🇧
El zorro y el chivo 🇪🇸
Lis i Kozioł 🇵🇱
Tilki ile Teke 🇹🇷
De vos en de bok 🇳🇱

Diese Fabel kennen Menschen in vielen Ländern. Du auch?

LERNWÖRTER

Deutschland	aufstehen, er steht auf	durstig	bisschen
der Durst	fernsehen, sie sieht fern	ruhig	eigentlich
der Mai	geschehen, es geschieht		selbst
die Reihe	ziehen, es zieht		

🦜 Tippe die Lernwörter am Computer ab. Färbe jede zweite Silbe orange.

Üben und nachdenken

Quer durch das Kapitel

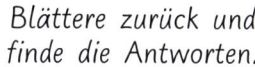
Blättere zurück und finde die Antworten.

Beantworte die Fragen in ganzen Sätzen.
Schreibe die Antworten in dein Heft.

a) Die meisten Mitlaute hat ...

a) Welches Wort auf Seite 103 hat die meisten Mitlaute hintereinander?

b) Wie oft kommt das Wort Ziegenbock in der Fabel vor?

c) Was kann auch hinter der wörtlichen Rede stehen?

d) Welche Nudeln gibt es im Restaurant EL MUNDO?

e) Wie heißt ein starker Wirbelsturm?

f) Welche drei Wörter sind deine Lieblingswörter aus dem Kapitel?

g) Welcher Text oder welches Bild hat dir am besten gefallen?

Das haben wir gelernt

Was können wir Gutes für die Zukunft tun?

Diese Wörter mit **ai** kenne ich noch: ...

Der nachgestellte Redebegleitsatz steht ...

In diesem Kapitel hat mir ... am besten gefallen.

Eine Fabel ist ...

Die Strategie „Wörter in Silben gliedern" hilft mir, wenn ...

Methoden und Strategien

So schreibe ich schnell und sicher ab

Startklar zum Schreiben?

Die Vorbereitung
1. Ich schreibe mit dem Finger in der Luft eine liegende Acht.
2. Nun schüttele ich kräftig meine Hände.
3. Zuletzt drehe ich den Stift in der Hand.

Sinnvoll abschreiben
1. Zuerst lese ich den Text.
2. Wenn es mein eigener Text ist, sehe ich mir die Fehler genau an.
3. Dann schreibe ich den Text ab. Ich merke mir einige Wörter und schreibe sie auswendig auf.
4. Am Schluss kontrolliere ich den Text von hinten: Wort für Wort.

Heute habe ich schon zwölf Wörter mehr geschafft.

Meine Schrift ist schon viel lesbarer.

Geschwindigkeit steigern
1. Ich suche mir einen Text aus.
2. Jeden Tag schreibe ich zehn Minuten ab. Zu Beginn merke ich mir immer nur wenige Wörter. Ich versuche, die Anzahl der Wörter zu steigern.
3. Ich zähle jeden Tag die Wörter, die ich geschafft habe.

Schreibe die Zeichen so ab: Genau hinsehen, merken, schreiben, kontrollieren. Erfindet eigene Reihen.

a)    b)    c) ★→€↑%©

Methoden und Strategien

So finde ich ein Wort in der Wörterliste

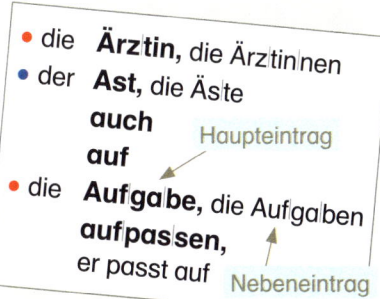

Haupteinträge und Nebeneinträge
Beim Suchen achte ich zunächst auf die **fett** gedruckten Wörter. Das sind die Haupteinträge.
Neben oder unter dem Haupteintrag stehen die Nebeneinträge, zum Beispiel die Mehrzahl bei Nomen. Die Nebeneinträge sind normal gedruckt.

Zusammengesetzte Nomen finden
Ich finde zusammengesetzte Nomen, indem ich sie zerlege. Ich suche dann beide Wörter.
- **Tomatensoße**: ich suche **Tomate** und **Soße**
- **Rennauto**: ich suche **rennen** und **Auto**

Adjektive und Verben finden
Verben und Adjektive suche ich immer in der **Grundform**. Oft finde ich bei den Adjektiven auch die Vergleichsstufen.
- sie **ging**: ich suche **gehen**
- **stärker**: ich suche **stark**
- **am höchsten**: ich suche **hoch**

 Wo findest du diese Wörter in der Wörterliste? Schreibe auf.

älter suche ich bei …   **Klavierunterricht** suche ich bei …
das **Esspapier** suche ich bei … er **verlor** suche ich bei …

→ Sprachbuchseiten 8, 68, 80 sowie alle Aufgaben, bei denen nachgeschlagen werden soll

Methoden und Strategien

So übe ich Wörter mit Rechtschreib-Strategien

Ich schreibe ein Wort Silbe für Silbe auf. So vergesse ich keinen Buchstaben.

Wörter in Silben gliedern

1. Ich spreche das Wort in Silben.
2. Dann schreibe ich das Wort Silbe für Silbe auf. Beim Schreiben spreche ich leise mit.
3. Am Ende überprüfe ich, ob jede Silbe einen Silbenkapitän hat. Silbenkapitäne sind Selbstlaute, Umlaute und Zwielaute.

Bücherei, Kaugummipapier, heute, nähen

 Schreibe eigene lange Wörter wie im Bild.
Decke sie ab. Dann schreibe sie auswendig auf.

Ich überprüfe jeden Satz. Habe ich den Satzanfang großgeschrieben? Habe ich alle Nomen großgeschrieben?

Wörter großschreiben

Nomen sind Namen für Menschen, Tiere, Pflanzen und Dinge. Namen für Gefühle oder Begriffe sind auch Nomen. Vor Nomen kann ich einen bestimmten oder unbestimmten Artikel (Begleiter) schreiben. Nomen kann ich oft in die Einzahl und Mehrzahl setzen. **Nomen** und **Satzanfänge** schreibe ich **groß**.

der Lehrer, die Blume, das Glück
Der kleine Hund liebt das neue Futter.

 Schreibe nur die Nomen mit Artikel auf.

ZEUGNIS   TÜREN   PAPAGEI   KALT   ANGST   FREUDE   GLÜCK

Methoden und Strategien

*Sie **trägt** kommt von **tragen**.*

Wörter ableiten

Ich schreibe ein Wort mit **ä** oder **äu**, wenn es ein verwandtes Wort mit **a** oder **au** gibt.
B<u>ä</u>lle ↳ B<u>a</u>ll, H<u>äu</u>ser ↳ H<u>au</u>s

Auch Verben und Adjektive können mir beim Ableiten helfen.
*sie l<u>äu</u>ft ↳ l<u>au</u>fen,
die N<u>ä</u>he ↳ n<u>a</u>h, gef<u>ä</u>hrlich ↳ die Gef<u>a</u>hr*

 Finde verwandte Wörter mit **a** oder **au**.

a) der B✶cker, die Pl✶tze, tr✶men, kr✶ftig, die Verk✶ferin
b) die Schr✶nke, das Schn✶ppchen, aufr✶men, ✶lter, das Fr✶lein

b/p? d/t? g/k?

Wörter verlängern

Wenn ich nicht weiß, ob ich ein Wort mit **b/p**, **d/t** oder **g/k** schreibe, verlängere ich das Wort.
Oft hilft es, wenn ich das Wort **viele** davorstelle. So kann ich gut hören, welcher Buchstabe am Ende steht.
*der Sta<u>b</u> ↪ viele Stä<u>b</u>e
run<u>d</u> ↪ viele run<u>d</u>e Tische*

Bei Verben bilde ich die Grundform.
er flie<u>g</u>t ↪ kommt von flie<u>g</u>en

 Verlängere die Verben. Schreibe den Satz richtig auf.

Emir fra✶t: „Blei✶t Olli im Haus oder flie✶t er nachts umher?"

111

Methoden und Strategien

So übe ich Merkwörter Ⓜ

Bei manchen Wörtern hilft mir keine Rechtschreib-Strategie.
Deshalb muss ich mir diese Wörter gut merken und sie oft üben.

Es geht und geht in einem fort und kommt doch keinen Schritt vom Ort.

Alleine üben
- Merkwörter in Regenbogen-Farben und als Bildwörter schreiben
- Knickdiktat: Merkwort lesen, abschreiben, Blatt knicken, Merkwort aufschreiben
- Kim-Spiel: Merkwörter lesen, merken, abdecken und auswendig aufschreiben

Zu zweit üben
- Merkwörter gegenseitig auf den Rücken schreiben und raten
- Merkwörter gemeinsam sortieren: nach dem Alphabet, nach Silben, nach Wortarten, …
- Ein Kind denkt sich ein Rätsel zu einem Merkwort aus. Das andere schreibt es auf.

In einer Gruppe üben
- Merkwörter mit Gemeinsamkeiten sammeln und ein Plakat erstellen
- Gegeneinander spielen: in fünf Minuten möglichst viele Merkwörter mit einer Gemeinsamkeit sammeln

Schreibe diese Wörter mit Zitronensaft.
Ein Föhn macht die Geheimschrift wieder sichtbar.

und · ich · die · sie · ist · war · mit · man

Du kannst auch geheime Sätze damit schreiben.

Methoden und Strategien

So führen wir eine Schreibkonferenz

1. Den Text vorlesen

Wir überlegen gemeinsam,
wer heute seinen Text vorliest.
Das Autoren-Kind liest laut vor.
Die anderen Kinder hören gut zu.

Ich finde deine Geschichte sehr spannend.

2. Rückmeldungen geben

Wir geben eine kurze Rückmeldung
zum Text.
- Wie war unser erster Eindruck?
- Für wen ist der Text geschrieben?
- War der Text verständlich?

Ich habe gern zugehört.

3. Aufgaben verteilen

Jetzt verteilen wir die Aufgaben für die
Experten-Kinder. Jedes Experten-Kind
achtet auf etwas Bestimmtes, zum
Beispiel auf die Satzanfänge.
Anschließend liest das Autoren-Kind
seinen Text noch einmal vor.

4. Rückmeldung der Experten-Kinder

Wir geben als Experten-Kinder unsere
Rückmeldung. Das Autoren-Kind notiert
sich die Hinweise und Tipps. Sie helfen
beim Überarbeiten des Textes.

*Mein Experten-Tipp wäre, nur einmal **Dann** als Satzanfang zu verwenden.*

 Bastelt Anstecker für das Autoren-Kind und die Experten-Kinder.

Methoden und Strategien

So finde ich Informationen im Internet

Ich suche mit Suchmaschinen für Kinder.

Suchmaschinen für Kinder nutzen

Mit einer Suchmaschine für Kinder komme ich am besten an Informationen. Die Suchmaschinen heißen zum Beispiel *Blinde Kuh, Helles Köpfchen* oder *fragFINN*.

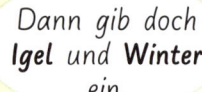

Über den Igel finde ich zu viele Informationen.

*Dann gib doch **Igel** und **Winter** ein.*

Passende Suchbegriffe verwenden

1. Zuerst überlege ich, was ich wissen will.
2. Ich gebe Suchbegriffe ein. Das sind einzelne Wörter, die für meine Frage wichtig sind.
3. Wenn ich kein Suchergebnis bekomme, überprüfe ich die Rechtschreibung. Bekomme ich zu viele Ergebnisse, gebe ich weitere Suchbegriffe ein.

So kann ich prüfen, ob eine Internetseite gut ist:
- *Ist der Autor/die Autorin bekannt?*
- *Wann wurde die Seite erstellt?*
- *Gibt es eine Kontaktmöglichkeit?*
- *Ist der Text sachlich geschrieben?*
- *Wird die Rechtschreibung beachtet?*
- *Gibt es unpassende Werbung?*

Ergebnisse verwalten und bewerten

1. Ich prüfe, ob ich den Ergebnissen glauben kann. Dazu sehe ich mir immer mehrere Suchergebnisse an. Das erste Ergebnis muss nicht immer das beste sein.
2. Meine Favoriten ★ kann ich speichern, wenn ich sie wiederfinden möchte.

 Finde zu den Fragen die passenden Suchbegriffe. Probiere es aus.

a) Wie alt können Papageien werden?   b) Wann lebten die Ritter?

Methoden und Strategien

So halte ich meinen Vortrag sicher

Meine Mimik und Gestik müssen zu dem passen, was ich sage. Spreche ich zum Beispiel über die Verschmutzung der Meere, wäre es unpassend, zu fröhlich zu sein.

1. Zuerst übe ich allein

Ich wähle zwei Punkte aus der Checkliste aus. Darauf achte ich beim Üben besonders.

2. Ich hole mir Tipps

Ich übe den Vortrag vor Freunden oder meiner Familie und lasse mir Tipps geben.
Ich kann auch einen Film von mir erstellen.
Die Checkliste hilft dabei, Rückmeldungen zu geben.

3. Ich halte meinen Vortrag

Beim Vortrag spreche ich laut und deutlich. Ich versuche, die Tipps zu beachten.

 Mache Übungen wie ein Schauspieler vor einer Aufführung:
- Nimm einen Stift 30 Sekunden quer zwischen die Lippen. So aktivierst du deine Lachmuskeln.
- Sage einen beliebigen Satz laut. Lasse nach jedem Wort deinen Unterkiefer nach unten fallen. So entspannt sich deine Gesichtsmuskulatur.

Methoden und Strategien

So höre ich richtig zu

Also ich weiß, dass sich Igel manchmal in Laubhaufen verstecken.

Ich möchte gern wissen, was Igel fressen.

1. Vor dem Hören
Ich sehe mir das Thema an.
Dann überlege ich, was ich bereits darüber weiß.
Was erwarte ich von dem Hörtext?
Ich kann mich auch mit anderen austauschen.

Nun spiele ich den Hörtext ab.

2. Beim Hören
Ich konzentriere mich und höre gut zu.
Ich kann auch meine Augen schließen.
Danach lese ich die Fragen.
Was kann ich schon beantworten?

Beim zweiten Hören achte ich besonders auf die Fragen, auf die ich noch keine Antwort weiß.

3. Nach dem Hören
Ich beantworte die Fragen zum Hörtext.
Wenn ich etwas noch nicht weiß, höre ich mir den Hörtext ein weiteres Mal an.

 Höre dir einen Hörtext an. Male ein passendes Bild dazu. Möglichst viele Informationen aus dem Text sollen zu sehen sein.

→ Sprachbuchseite 25 sowie alle Seiten mit zusätzlichem Audio-Material;
Hörtexte können über die kostenlose BuchTaucher-App abgespielt werden; Audio-Dateien bzw. Transkription s. a. Handreichungen für den Unterricht und Unterrichtsmanager

Wörterliste

A a

- ab
- der **Abend,** die Abende
- aber
- acht
- der **Affe,** die Affen
- alle
- alles
- also
- **alt,** älter, am ältesten
- am
- die **Ameise,** die Ameisen
- die **Ampel,** die Ampeln
- an
- die **Angel,** die Angeln
- **antworten,** er antwortet
- der **Apfel,** die Äpfel
- der **April**
- das **Aquarium,** die Aquarien
- **arbeiten,** sie arbeitet
- der **Arm,** die Arme
- der **Arzt,** die Ärzte
- die **Ärztin,** die Ärztinnen
- der **Ast,** die Äste
- auch
- auf
- die **Aufgabe,** die Aufgaben
- **aufpassen,** er passt auf
- **aufräumen,** er räumt auf
- **aufstehen,** er steht auf, er stand auf
- **aufwachen,** es wacht auf
- das **Auge,** die Augen
- der **August**
- aus
- die **Axt,** die Äxte

B b

- das **Baby,** die Babys
- das **Bad,** die Bäder
- **baden,** es badet
- der **Ball,** die Bälle
- die **Bank,** die Bänke
- der **Bauch,** die Bäuche
- der **Baum,** die Bäume
- **befehlen,** sie befiehlt, sie befahl
- **begegnen,** er begegnet
- **beginnen,** es beginnt, es begann
- das **Bein,** die Beine
- das **Beispiel,** die Beispiele
- **beißen,** er beißt, er biss
- **belohnen,** er belohnt
- bequem
- der **Berg,** die Berge
- bevor
- das **Bild,** die Bilder
- die **Birne,** die Birnen
- bis
- (ein) **bisschen**
- bitte
- **bitten,** sie bittet, sie bat
- das **Blatt,** die Blätter
- blau
- **bleiben,** es bleibt, es blieb
- der **Blitz,** die Blitze
- bloß
- die **Blume,** die Blumen
- die **Blüte,** die Blüten
- das **Boot,** die Boote
- böse
- **brauchen,** er braucht
- braun
- breit

- der **Brief,** die Briefe
- die **Brille,** die Brillen
- **bringen,** sie bringt, sie brachte
- das **Brot,** die Brote
- der **Bruder,** die Brüder
- bunt
- die **Burg,** die Burgen
- der **Bus,** die Busse
- die **Butter**

C c

- der **Cent,** die Cents
- der **Chor,** die Chöre
- der **Clown,** die Clowns
- der **Computer,** die Computer

D d

- das **Dach,** die Dächer
- dann
- davor
- die **Decke,** die Decken
- dein, deine
- der **Delfin,** die Delfine
- dem
- den
- **denken,** sie denkt, sie dachte
- denn
- des
- das **Deutschland**
- der **Dezember**
- dich
- dick
- der **Dieb,** die Diebe
- der **Dienstag,** die Dienstage
- diese, dieser, dieses
- dir

In der Wörterliste stehen Verben in der Grundform und in der 3. Person Singular Präsens. Bei einem Vokalwechsel im Wortstamm steht zusätzlich die 3. Person Singular Präteritum.
Bei Adjektiven werden neben der Grundform nur unregelmäßige Vergleichsstufen angegeben.

Wörterliste

     doch
- der **Donnerstag,** die Donnerstage
     doof
     doppelt
     dort
     draußen
     drei
     dreißig
     drücken, es drückt
     du
     dunkel, dunkler, am dunkelsten
     durch
     dürfen, sie darf, sie durfte
- der **Durst**
     durstig

E e

     eckig
- das **Ei,** die Eier
     eigentlich
- der **Eimer,** die Eimer
     ein, eine
     eingießen, sie gießt ein, sie goss ein
     eins
- das **Eis,** die Eis
     elf
- die **Eltern**
- die **E-Mail,** die E-Mails
     eng
     entdecken, er entdeckt
- die **Ente,** die Enten
     entwickeln, sie entwickelt
- die **Entwicklung,** die Entwicklungen
- die **Erdbeere,** die Erdbeeren
- die **Erde**
     erklären, er erklärt
     erschrecken, er erschrickt, er erschrak
     erzählen, sie erzählt
- der **Esel,** die Esel
     essen, sie isst, sie aß
     etwas
     euch
- die **Eule,** die Eulen
- die **Euro,** die Euros

F f

- das **Fach,** die Fächer
     fahren, sie fährt, sie fuhr
- das **Fahrrad,** die Fahrräder
     fair
     fallen, es fällt, es fiel
- die **Familie,** die Familien
     fangen, sie fängt, sie fing
- die **Farbe,** die Farben
     fast
- die **Faust,** die Fäuste
- der **Februar**
- die **Fee,** die Feen
- das **Feld,** die Felder
- das **Fenster,** die Fenster
- die **Ferien**
     fernsehen, sie sieht fern, sie sah fern
- der **Fernseher,** die Fernseher
- das **Feuer**
- die **Feuerwehr**
     finden, er findet, er fand
- der **Finger,** die Finger
- der **Fisch,** die Fische
- die **Flasche,** die Flaschen
- der **Fleiß**
     fleißig
- die **Fliege,** die Fliegen
     fliegen, er fliegt, er flog
     fließen, er fließt, er floss
- das **Flugzeug,** die Flugzeuge
     flüstern, sie flüstert
     fragen, er fragt
- die **Frau,** die Frauen
- der **Freitag,** die Freitage
  sich **freuen,** sie freut sich
- der **Freund,** die Freunde
- die **Freundin,** die Freundinnen
- der **Frieden**
     friedlich
     frisch
     früh
- der **Frühling,** die Frühlinge
- der **Füller,** die Füller
     fünf
     für
- der **Fuß,** die Füße
- der **Fußball,** die Fußbälle

G g

- die **Gabel,** die Gabeln
- die **Gans,** die Gänse
     ganz
- der **Garten,** die Gärten
     geben, es gibt, es gab
- die **Geburt,** die Geburten
- der **Geburtstag,** die Geburtstage
     gefährlich
     gefallen, es gefällt, es gefiel
     gehen, er geht, er ging
     gelb
- das **Geld,** die Gelder
- das **Gemüse**
     gerade
     geschehen, es geschieht, es geschah

Wörterliste

- das **Geschenk,** die Geschenke
- das **Gesicht,** die Gesichter
  gestern
  gesund, gesünder, am gesündesten
  gewinnen, sie gewinnt, sie gewann
  gießen, sie gießt, sie goss
- das **Glas,** die Gläser
- das **Glück**
  glücklich
  grau
  groß, größer, am größten
  grün
- der **Gruß,** die Grüße
  grüßen, er grüßt
  gucken, er guckt
  gut, besser, am besten

H h

- das **Haar,** die Haare
  haben, sie hat
- der **Hahn,** die Haie
- der **Hai,** die Haie
  halb
- der **Hals,** die Hälse
  halten, es hält, es hielt
- die **Hand,** die Hände
- das **Handy,** die Handys
  hart, härter, am härtesten
- das **Haus,** die Häuser
- das **Heft,** die Hefte
  heiß
  heißen, er heißt, er hieß
  helfen, sie hilft, sie half
  hell
- das **Hemd,** die Hemden
  heraus

- der **Herbst,** die Herbste
  herein
- der **Herr,** die Herren
  heute
  hier
  hinter
- die **Hitze**
  hoch, höher, am höchsten
  hoffen, er hofft
  holen, sie holt
  hören, er hört
- der **Hund,** die Hunde
- der **Hunger**
  hungrig

I i

  ich
- der **Igel,** die Igel
  ihm
  ihn
  ihnen
  ihr, ihre
  im
  immer
  in
  ins
- die **Insel,** die Inseln

J j

  ja
- die **Jacke,** die Jacken
- der **Jäger,** die Jäger
- das **Jahr,** die Jahre
  jährlich
- der **Januar**
  jede, jeder, jedes
  jetzt
- der **Juli**
  jung, jünger, am jüngsten

- der **Junge,** die Jungen
- der **Juni**

K k

- der **Käfer,** die Käfer
- der **Kaiser,** die Kaiser
- der **Kalender,** die Kalender
  kalt, kälter, am kältesten
  kämpfen, sie kämpft
  kaputt
- die **Kartoffel,** die Kartoffeln
- der **Käse,** die Käse
- die **Katze,** die Katzen
  kaufen, er kauft
  kein, keine
- der **Keks,** die Kekse
  kennen, sie kennt, sie kannte
- die **Kerze,** die Kerzen
- das **Kind,** die Kinder
- die **Kirche,** die Kirchen
- die **Kirsche,** die Kirschen
- die **Klasse,** die Klassen
- das **Klavier,** die Klaviere
  kleben, es klebt
- das **Kleid,** die Kleider
  klein
  klettern, er klettert
  klug, klüger, am klügsten
- der **Knopf,** die Knöpfe
  kochen, er kocht
  kommen, sie kommt, sie kam
- der **König,** die Könige
  können, sie kann, sie konnte
- der **Kopf,** die Köpfe
- der **Korb,** die Körbe
- der **Körper,** die Körper
  krabbeln, er krabbelt

119

Wörterliste

kräftig
krank
- das **Kraut,** die Kräuter
- der **Krieg,** die Kriege
  kriegen, sie kriegt
- die **Küche,** die Küchen
- der **Kuchen,** die Kuchen
- die **Kuh,** die Kühe
  kurz, kürzer,
  am kürzesten
- der **Kuss,** die Küsse
  küssen, er küsst

L l

lachen, sie lacht
- das **Lama,** die Lamas
- das **Land,** die Länder
  lang, länger,
  am längsten
  langsam
  lassen, sie lässt
- das **Laub**
  laufen, er läuft, er lief
  laut
  lecker
  leer
  legen, sie legt
- der **Lehrer,** die Lehrer
- die **Lehrerin,**
  die Lehrerinnen
  leicht
  leider
  lesen, sie liest, sie las
  letzte, letzter, letztes
- die **Leute**
- das **Lexikon,** die Lexika
- das **Licht,** die Lichter
  lieb
  lieben, er liebt
- das **Lied,** die Lieder

liegen, er liegt, er lag
- das **Lineal,** die Lineale
  links
- der **Löffel,** die Löffel
- der **Lohn,** die Löhne

M m

machen, er macht
- das **Mädchen,** die Mädchen
- die **Mahlzeit,** die Mahlzeiten
- die **Mähne,** die Mähnen
- der **Mai**
- der **Mais**
  malen, er malt
  man
- der **Mann,** die Männer
- der **Mantel,** die Mäntel
- der **März**
- die **Maus,** die Mäuse
- das **Meer,** die Meere
- das **Mehl**
  mehr
  mein, meine
  meistens
  mich
- die **Milch**
- die **Minute,** die Minuten
  mir
  mit
  mitnehmen, sie nimmt
  mit, sie nahm mit
- der **Mittag,** die Mittage
- der **Mittwoch**
  mögen, sie mag,
  sie mochte
- die **Möhre,** die Möhren
- der **Monat,** die Monate
- der **Montag,** die Montage
- das **Moos,** die Moose
  morgen

- der **Mund,** die Münder
  müssen, er muss
- die **Mutter,** die Mütter
- die **Mütze,** die Mützen

N n

nach
- der **Nachmittag,**
  die Nachmittage
- die **Nacht,** die Nächte
  nah, näher, am nächsten
  nämlich
  nass
- der **Nebel,** die Nebel
  nehmen, sie nimmt,
  sie nahm
  nein
- das **Nest,** die Nester
  nett
- das **Netz,** die Netze
  neu
  neun
  nicht
  nichts
  nie
- das **Nomen,** die Nomen
- der **November**
  nun
  nur
- die **Nuss,** die Nüsse
  nützlich

O o

ob
oben
- das **Obst**
  oder
- der **Ofen,** die Öfen
  oft
  ohne

Wörterliste

- das **Ohr,** die Ohren
- der **Oktober**
- die **Oma,** die Omas
- der **Onkel,** die Onkel
- der **Opa,** die Opas
- der **Ordner,** die Ordner
- das **Ostern**

P p

    paar
- die **Palme,** die Palmen
- der **Papagei,** die Papageien
- das **Papier,** die Papiere
- der **Pass,** die Pässe
    passieren, es passiert
- das **Pferd,** die Pferde
- die **Pflanze,** die Pflanzen
    pflanzen, er pflanzt
- die **Pflaume,** die Pflaumen
    pflegen, sie pflegt
    pflücken, sie pflückt
- die **Pfütze,** die Pfützen
- die **Pizza,** die Pizzen
- der **Platz,** die Plätze
    plötzlich
- der **Pullover,** die Pullover
- die **Puppe,** die Puppen
    putzen, er putzt

Qu qu

- das **Quadrat,** die Quadrate
    quaken, er quakt
    quälen, er quält
- die **Qualle,** die Quallen
- der **Quark**
- der **Quatsch**
- die **Quelle,** die Quellen
    quer
- das **Quiz,** die Quiz

R r

- das **Rad,** die Räder
- das **Radio,** die Radios
    raten, er rät, er riet
- das **Rätsel,** die Rätsel
- der **Rauch**
- der **Raum,** die Räume
    rechnen, sie rechnet
    rechts
- der **Regen**
    regnen, es regnet
- das **Reh,** die Rehe
- die **Reihe,** die Reihen
    reich
    reißen, es reißt, es riss
    reiten, sie reitet
    rennen, sie rennt, sie rannte
    riesig
- der **Ring,** die Ringe
- der **Rock,** die Röcke
    rot
- der **Rücken,** die Rücken
    rufen, er ruft, er rief
    ruhig
    rund

S s

- der **Saal,** die Säle
- der **Sack,** die Säcke
- der **Saft,** die Säfte
    sagen, sie sagt
- die **Saite,** die Saiten
    sammeln, er sammelt
- der **Samstag,** die Samstage
- der **Sand**
    satt
- der **Satz,** die Sätze
    sauber
- das **Schaf,** die Schafe
- der **Schal,** die Schals
- der **Schatz,** die Schätze
    schauen, sie schaut
- die **Schaukel,** die Schaukeln
    scheinen, sie scheint, sie schien
- die **Schere,** die Scheren
- das **Schiff,** die Schiffe
    schimpfen, sie schimpft
    schlafen, er schläft, er schlief
- die **Schlange,** die Schlangen
    schlecht
    schleichen, sie schleicht, sie schlich
    schließen, er schließt, er schloss
    schließlich
    schlimm
- das **Schloss,** die Schlösser
- der **Schlüssel,** die Schlüssel
    schmecken, es schmeckt
- der **Schmetterling,** die Schmetterlinge
    schmutzig
- der **Schnee**
    schneiden, er schneidet, er schnitt
    schneien, es schneit
    schnell
- der **Schnupfen**
    schon
    schön
- der **Schrank,** die Schränke
    schreiben, er schreibt, er schrieb
    schreien, sie schreit, sie schrie

Wörterliste

- die **Schrift,** die Schriften
- der **Schuh,** die Schuhe
- der **Schutz**
  schützen, er schützt
  schwarz
- das **Schwein,** die Schweine
  schwer
- die **Schwester,** die Schwestern
  schwierig
  schwimmen, sie schwimmt, sie schwamm
  sechs
- der **See,** die Seen
  sehen, er sieht, er sah
  sehr
  sein, seine
  sein, ich bin, du bist, er ist, wir sind, ihr seid, sie sind
  seit
- die **Seite,** die Seiten
- die **Sekunde,** die Sekunden
  selbst
- der **September**
- der **Sessel,** die Sessel
  sich **setzen,** er setzt sich
  sich
  sie
  sieben
- das **Silvester**
  singen, er singt, er sang
  sitzen, sie sitzt, sie saß
- der **Sohn,** die Söhne
- der **Sommer**
- der **Sonnabend,** die Sonnabende
- die **Sonne,** die Sonnen
- der **Sonntag,** die Sonntage
- die **Soße,** die Soßen
- der **Spaß,** die Späße

  spät
- der **Spatz,** die Spatzen
  spazieren, er spaziert
- der **Spaziergang,** die Spaziergänge
- der **Spiegel,** die Spiegel
- das **Spiel,** die Spiele
  spielen, es spielt
- die **Spinne,** die Spinnen
  spitz
- die **Spitze,** die Spitzen
- die **Sprache,** die Sprachen
  sprechen, sie spricht, sie sprach
  springen, er springt, er sprang
  spritzen, es spritzt
- die **Stadt,** die Städte
  stark, stärker, am stärksten
  stehen, er steht, er stand
  steigen, er steigt, er stieg
- der **Stein,** die Steine
- der **Stift,** die Stifte
- die **Stimme,** die Stimmen
  stimmen, es stimmt
- die **Straße,** die Straßen
- der **Strauch,** die Sträucher
- der **Strauß,** die Sträuße
  streiten, er streitet, er stritt
- der **Stuhl,** die Stühle
- die **Stunde,** die Stunden
  suchen, er sucht
- die **Suppe,** die Suppen
  süß

T t

- der **Tag,** die Tage
- die **Tante,** die Tanten
  tanzen, sie tanzt

- die **Tasche,** die Taschen
- die **Tasse,** die Tassen
- der **Teddy,** die Teddys
- der **Tee,** die Tees
- das **Telefon,** die Telefone
- der **Teller,** die Teller
- die **Temperatur,** die Temperaturen
  tief
- das **Tier,** die Tiere
- der **Tipp,** die Tipps
  tippen, sie tippt
- der **Tisch,** die Tische
- die **Tochter,** die Töchter
- der **Tod,** die Tode
  toll
  tot
  tragen, sie trägt, sie trug
- der **Traum,** die Träume
  träumen, er träumt
  traurig
  sich **treffen,** er trifft sich, er traf sich
- die **Treppe,** die Treppen
  trinken, er trinkt, er trank
  trocken
  trotzdem
  tun, er tut, er tat
- die **Tür,** die Türen
  turnen, sie turnt

U u

üben, er übt
über
überall
- das **U-Boot,** die U-Boote
- die **Uhr,** die Uhren
  um
  und

Wörterliste

- uns
- unser, unsere
- unten
- unter
- das **Unterhemd,** die Unterhemden
- der **Unterricht**
- der **Urlaub,** die Urlaube

V v

- der **Vampir,** die Vampire
- die **Vase,** die Vasen
- der **Vater,** die Väter
- **verbieten,** sie verbietet, sie verbot
- **vergessen,** sie vergisst, sie vergaß
- der **Verkehr**
- sich **verletzen,** sie verletzt sich
- **verlieren,** er verliert, er verlor
- **verrückt**
- **versprechen,** er verspricht, er versprach
- sich **verstecken,** sie versteckt sich
- **versuchen,** er versucht
- **viel,** mehr, am meisten
- **viele**
- **vielleicht**
- **vier**
- der/das **Virus,** die Viren
- der **Vogel,** die Vögel
- **voll**
- **von**
- **vor**
- **voraus**
- **vorbei**
- der **Vorschlag,** die Vorschläge
- **vorsichtig**

- der **Vorteil,** die Vorteile
- der **Vulkan,** die Vulkane

W w

- die **Waage,** die Waagen
- **wachsen,** sie wächst, sie wuchs
- **wahr**
- die **Wahl,** die Wahlen
- der **Wald,** die Wälder
- **wann**
- **warm,** wärmer, am wärmsten
- **warten,** er wartet
- **warum**
- **was**
- das **Wasser**
- der **Wecker,** die Wecker
- der **Weg,** die Wege
- **weg**
- das **Weihnachten,** die Weihnachten
- **weil**
- **weiß**
- **weit**
- **welche, welcher, welches**
- die **Welt,** die Welten
- **wem**
- **wen**
- **wenig**
- **wenn**
- **wer**
- **werden,** sie wird, sie wurde
- **werfen,** er wirft, er warf
- das **Wetter**
- **wichtig**
- **wie**
- **wieder**
- **wild**
- der **Wind,** die Winde

- der **Winter,** die Winter
- **wir**
- **wissen,** er weiß, er wusste
- **witzig**
- **wo**
- die **Woche,** die Wochen
- **wohnen,** sie wohnt
- die **Wolke,** die Wolken
- die **Wolle**
- **wollen,** er will, er wollte
- **wünschen,** er wünscht
- die **Wurst,** die Würste
- **wütend**

Z z

- die **Zahl,** die Zahlen
- **zählen,** sie zählt
- der **Zahn,** die Zähne
- der **Zaun,** die Zäune
- die **Zecke,** die Zecken
- der **Zeh,** die Zehen
- **zehn**
- **zeigen,** sie zeigt
- die **Ziege,** die Ziegen
- **ziehen,** es zieht, es zog
- das **Zimmer,** die Zimmer
- die **Zitrone,** die Zitronen
- der **Zoo,** die Zoos
- **zu**
- der **Zucker**
- **zuerst**
- der **Zug,** die Züge
- **zuletzt**
- **zurück**
- **zusammen**
- **zwei**
- die **Zwiebel,** die Zwiebeln
- **zwischen**
- **zwölf**

Inhaltsverzeichnis

Kapitel Start

Zurück aus den Ferien ... 4

Über die Ferien schreiben ... 5
Wortarten erkennen ... 6
Verschiedene Satzarten (Aa) ... 7
Nach dem 1. und 2. Buchstaben ordnen ... 8
Mit Strategien richtig schreiben ... 9
Meine Trainingsseiten ... 10

Kapitel 1

Schule gemeinsam gestalten ... 12

Mimik und Gestik einsetzen ... 13
Eine Geschichte ordnen ... 14
Eine Einleitung schreiben ... 15
Wortstamm und Wortfamilie ... 16
Grundform und Personalformen von Verben ... 18
Lange und kurze Selbstlaute ... 20
Doppelte Mitlaute ... 21
Meine Trainingsseiten ... 22

Kapitel 2

Einfach tierisch! ... 24

Über einen Hörtext sprechen ... 25
Einen Steckbrief schreiben ... 26
Nomen erkennen (Aa) ... 28
Nomen für Gefühle (Aa) ... 29
Adjektive mit ig und lich ... 30
Adjektive verlängern ... 31
Merkwörter mit chs (M) ... 32
Wörter mit Spr/spr und Str/str ... 33
Meine Trainingsseiten ... 34

Kapitel 3

Andere Länder und Sprachen ... 36

Über verschiedene Schulwege sprechen ... 37
Mit Sprache spielen: Gedichte schreiben ... 38
Satzanfänge überarbeiten ... 39
Satzglieder kennenlernen ... 40
Deutsch und Englisch vergleichen ... 42
Wörter mit Ä/ä und Äu/äu ableiten ... 43
Wörter mit kurzem i und ie ... 44
Wörter mit ß ... 45
Meine Trainingsseiten ... 46

Kapitel 4

Vorhang auf! ... 48

Laut und deutlich sprechen ... 49
Ein Plakat gestalten ... 50
Ein Gedicht weiterschreiben ... 51
Wörtliche Rede ... 52
Redebegleitsätze ... 53
Pronomen kennenlernen ... 54
Verben mit Vorsilben ... 55
Verben verlängern ... 56
Merkwörter mit V/v (M) ... 57
Meine Trainingsseiten ... 58

Kapitel 5

Früher und heute ... 60

Verschiedene Textsorten erkennen ... 61
Stichworte geordnet aufschreiben ... 62
Stichworte finden und aufschreiben ... 63
Gegenwart und Vergangenheit ... 64

Inhaltsverzeichnis

Wörter mit ck	66
Wörter mit tz	67
Wörter ordnen und nachschlagen	68
Merkwörter mit stummem h (M)	69
Meine Trainingsseiten	70

Kapitel 6
Freizeit und Medien ... 72

Kreative Fotos machen	73
Den Hauptteil einer Geschichte schreiben	74
Zusammengesetzte Nomen (Ad)	76
Zusammengesetzte Nomen: Verb + Nomen (Ad)	77
Mit Adjektiven vergleichen	78
Wörter gezielt nachschlagen	80
Strategien anwenden (Ad)(☺)(↷)(↓)(M)	81
Meine Trainingsseiten	82

Kapitel 7
Mit viel Fantasie ... 84

Geschichten erzählen	85
Eine Fantasiegeschichte schreiben	86
Das Prädikat	88
Das Subjekt	89
Zusammengesetzte Adjektive	90
Wörter am Ende der Zeile trennen	91
Komma bei Aufzählungen	92
Kleine Merkwörter (M)	93
Meine Trainingsseiten	94

Kapitel 8
Überall Wasser? ... 96

Über die Zukunft nachdenken	97
Eine Fabel lesen und nacherzählen	98
Der nachgestellte Redebegleitsatz	100
Fremdwörter	102
Viele Mitlaute nacheinander (☺)	103
Wörter mit silbentrennendem h (☺)	104
Merkwörter mit ai (M)	105
Meine Trainingsseiten	106

Methoden und Strategien

So schreibe ich schnell und sicher ab	108
So finde ich ein Wort in der Wörterliste	109
So übe ich Wörter mit Rechtschreib-Strategien (☺)(Ad)(↓)(↷)	110
So übe ich Merkwörter (M)	112
So führen wir eine Schreibkonferenz	113
So finde ich Informationen im Internet	114
So halte ich meinen Vortrag sicher	115
So höre ich richtig zu	116
Wörterliste	117
Inhaltsverzeichnis	124
Übersicht der Lerninhalte	126

Lerninhalte

Kapitel	Lesen	Sprechen und zuhören	Texte verfassen
0	Arbeitsanweisungen lesen und verstehen (S. 4–11); verschiedene Texte lesen: Rätsel, Gedicht, Sachtext / Beschreibung, Tagebucheintrag; Texten Informationen entnehmen (S. 5)	über ein Bild / über die Ferien sprechen, einen Sachverhalt aus dem eigenen Lebensbereich verständlich darstellen (S. 4); über Gelerntes nachdenken / reflektieren (S. 11, 23, …)	ein **Akrostichon** und einen Text über die Ferien schreiben; eine Geschichten-Sammlung anlegen (S. 5); Fragen zum Kapitel beantworten (S. 11, 23, …)
1	Arbeitsanweisungen lesen und verstehen (S. 12–23); einen **Lexikonartikel** lesen und verstehen (S. 13); eine Geschichte lesen und ordnen (S. 14); einen Text lesen: „Trinken in der Schule" (S. 16); einen Text lesen und anpassen (S. 18/19)	über **Mitbestimmung** in der Schule sprechen; diskutieren und abstimmen, **Gesprächsregeln** entwickeln und einhalten (S. 12); die Wirkung nonverbaler Kommunikation untersuchen, **Mimik und Gestik** gezielt einsetzen (S. 13); zu Bildern eine Geschichte erzählen (S. 15)	**Geschichtenaufbau** wiederholen: eine passende Überschrift finden (S. 14); eine **Einleitung** schreiben und anhand von Schreibkriterien überprüfen; eine Geschichte zu Ende schreiben; Schreibkonferenz: seinen Text vorstellen und überarbeiten
2	einen **Hörtext** hören und Informationen entnehmen (S. 25); **Sachtexte** lesen und Informationen entnehmen: „Der Europäische Biber" und „Der Europäische Dachs" (S. 26/27); eine Geschichte lesen: „Herr Dachs geht spazieren"; Sätze genau lesen und zuordnen (S. 32)	über **Tiere** (im Herbst und Winter) sprechen; eigene Erfahrungen und Ideen einbringen; über eigene Tier-Fotos sprechen (S. 24); über einen Hörtext über die Maus / den Igel sprechen (S. 25); Gefühle szenisch nachspielen (S. 29)	sich über ein Tier informieren (S. 24), Fragen zu einem Hörtext beantworten; eigene Hörtexte erstellen (S. 25); sich über ein Tier informieren, einen **Steckbrief** schreiben (S. 26/27); interessenbezogen ein Buch auswählen und vorstellen
3	englische Sätze lesen (S. 36); **Bildgedichte** genau ansehen; ein englisches Gedicht lesen (S. 38); eine Geschichte lesen: „Die Reise des Kobolds" (S. 39); einen englischen **Liedtext** nachspielen: „Teddy bear, teddy bear" (S. 42); Texte lesen: „Alarm in Maushausen" (S. 43), „Der größte Tag des Jahres" (S. 45)	über andere **Sprachen / Länder** sprechen, etwas in einer anderen Sprache sagen; über Video-Telefonate sprechen (S. 36); über Schulwege in anderen Ländern sprechen; über Vor- und Nachteile diskutieren, Wünsche äußern (S. 37); über Bildgedichte / ein englisches Gedicht sprechen (S. 38)	sich über ein anderes Land informieren, Ergebnisse präsentieren (S. 36/37), ein **Bildgedicht** erstellen; Texte nach einer Vorlage schreiben: ein englisches Gedicht verändert aufschreiben (S. 38); **Satzanfänge** überarbeiten; eine Geschichte zu Ende schreiben (S. 39); kleine Rätsel schreiben (S. 44)
4	**Zungenbrecher** lesen (S. 49); zwei Plakate lesen und vergleichen (S. 50); ein **Gedicht** lesen: „Krümelsuche" (S. 51); einen Sketch und einen Witz lesen (S. 52); eine E-Mail lesen (S. 54), einen Text lesen: „Ein aufregender Tag" (S. 55)	über **Theater** / eine Aufführung sprechen (S. 48); einen Vortrag üben: mit Aussprache, Lautstärke, Betonung spielen; einen Zungenbrecher vortragen (S. 49); über zwei Plakate sprechen, etwas begründen (S. 50); ein Gedicht auswendig lernen und vortragen (S. 51)	passende Stichworte auswählen und aufschreiben; ein **Plakat** für eine Veranstaltung (am Computer) erstellen (S. 50); Reimwörter passend in ein Gedicht einsetzen (Paarreime), das Gedicht weiterschreiben (S. 51); Sätze zu Bildern schreiben (S. 56)
5	verschiedene Textsorten erkennen, einen **Lexikonartikel** und einen **Erzähltext** lesen (S. 61); einen **Tagesablauf** lesen (S. 62); einen **Sachtext** lesen: „Die Ausbildung zum Ritter" (S. 63); einen **Zeitungsartikel** lesen (S. 64); einen Text lesen: „Der Fahrradausflug" (S. 69)	über die **Ritterzeit** sprechen (S. 60); über verschiedene Textsorten / Schule im Mittelalter sprechen (S. 61); einen Tagesablauf / eine zeitliche Abfolge anhand von Stichworten nacherzählen (S. 62/63); über einen Zeitungsartikel / die Gegenwart und die Vergangenheit sprechen (S. 64)	sich über die Ritterzeit informieren, Ergebnisse präsentieren (S. 60); Informationen aus einem Text entnehmen, Stichworte aufschreiben, einen Text wiedergeben (S. 62/63); einen Text (über sich selbst) im Präteritum schreiben (S. 65); einen Text im Präsens aufschreiben (S. 70)
6	eine **Bildergeschichte** lesen (S. 74/75); eine Inhaltsangabe zu einem Kinderbuch lesen: „Die Wörterfabrik" (S. 76); einen Text über Olli lesen (S. 79); Witze lesen (S. 81)	über **Freizeit und Medien** sprechen (S. 72); über Fotos / Fachbegriffe sprechen; sich Anweisungen geben; Medien analysieren und reflektieren: über Bildbearbeitungen / falsche Informationen diskutieren (S. 73); zu Bildern eine Geschichte erzählen; Rückmeldungen geben (S. 74/75)	sich über (digitale) Medien informieren (S. 72); Medien erstellen: Fotos nachstellen (S. 73); zu Bildern den **Hauptteil einer Geschichte** schreiben, Schreibstrategien anwenden, Schreibkonferenz: seinen Text vorstellen und überarbeiten (S. 74/75)
7	Kinderliteratur kennen; einen Ausschnitt aus einem Kinderbuch lesen: „Flori Flunkerfisch" (S. 84/85); die Mind-Map lesen (S. 86); einen **Zeitungsartikel** und einen Hefteintrag vergleichen (S. 91); einen Text lesen: „Zauberei" (S. 93)	über **Wahrheit und Lügen** sprechen; ein Buch vorstellen (S. 84); sich eigene Geschichten ausdenken, am roten Faden erzählen (S. 85); eine **Fantasiereise** machen (S. 86); Rückmeldungen geben (S. 87)	eine **Fantasiegeschichte** planen und schreiben (**Mind-Map**), ein Buch vorstellen (S. 84) Schreibstrategien anwenden, Schreibkonferenz: seinen Text vorstellen und überarbeiten, ein Buch gestalten (S. 86/87)
8	einen **Sachtext** lesen: „Was passiert, wenn sich unsere Erde erwärmt?" (S. 97); eine Fabel lesen: „Der Fuchs und der Ziegenbock" (S. 98/99); eine Bildergeschichte / einen **Comic** lesen (S. 101); eine Speisekarte lesen (S. 102)	über **Wasser** sprechen; Vermutungen anstellen (S. 96); über das **Klima / Umweltschutz** diskutieren (S. 97); über eine Fabel sprechen; Rückmeldungen geben (S. 98/99); über Fremdwörter sprechen (S. 102)	eigene Fragen formulieren (S. 97); eine **Fabel nacherzählen**, Texte anhand von Schreibkriterien erstellen, Schreibkonferenz: seinen Text vorstellen und überarbeiten (S. 99); zu Bildern eine Geschichte schreiben (S. 101)

Lerninhalte

Sprache untersuchen	Richtig schreiben
Wortarten wiederholen: **Nomen, Verben** und **Adjektive** erkennen (S. 6); Satzarten wiederholen: Aussagesatz, Fragesatz, Aufforderungssatz und Ausruf (S. 7); einen Übungssatz untersuchen: Stolperstellen markieren, Strategien anwenden, Nomen, Verben und Adjektive erkennen (S. 10)	Wörter nach dem 1. und 2. Buchstaben ordnen, in der Wörterliste nachschlagen (S. 8); **Rechtschreib-Strategien wiederholen:** „Wörter in Silben gliedern", „Wörter großschreiben", „Wörter ableiten" und „Wörter verlängern" (S. 9); einen Übungstext abschreiben und Satzanfänge großschreiben; Lernwörter üben: buchstabieren (S. 10)
Wortstamm und Wortfamilie vertiefen; Veränderungen im Wortstamm erkennen; Gemeinsamkeiten (Stolperstellen) innerhalb einer Wortfamilie erkennen (S. 16/17); **Grundform und Personalformen** von Verben vertiefen: Endungen der Personalformen markieren, regelmäßigen und veränderten Wortstamm erkennen (S. 18/19); einen Übungssatz untersuchen; einfache englische Wörter zuordnen (S. 22)	**lange und kurze Selbstlaute (Vokale)** wiederholen: lange und kurze Selbstlaute unterscheiden (S. 20); **Wörter mit doppeltem Mitlaut** merken und aufschreiben / in einen Text einsetzen, kurze Selbstlaute markieren (S. 21); einen Übungstext abschreiben; Lernwörter üben: ein Laufdiktat machen (S. 22)
Nomen in einem Text erkennen / ordnen / mit bestimmtem und unbestimmtem Artikel aufschreiben (S. 28); **Nomen für Gefühle** kennenlernen: Nomen in einen Text einsetzen / zuordnen (S. 29); **Adjektive mit ig und lich** erkennen / ordnen / Nomen zuordnen / einsetzen; einen Übungssatz untersuchen; Gemeinsamkeiten und Unterschiede von Sprachen entdecken (S. 34)	Strategie „Wörter großschreiben": Nomen großschreiben (S. 28/29); Strategie „Wörter verlängern": Adjektive mit b/p, d/t und g/k verlängern (S. 31); Strategie „Merkwörter": Merkwörter mit chs sprechen / einsetzen / Sätze schreiben (S. 32); **Wörter mit Spr/spr und Str/str** ordnen / einsetzen / Sätze schreiben (S. 33); einen Übungstext abschreiben; Lernwörter üben: in verschiedenen Farben aufschreiben (S. 34)
Satzglieder umstellen / markieren / erkennen, eigene Sätze schreiben und umstellen (S. 40/41); Gemeinsamkeiten und Unterschiede von Sprachen entdecken: deutsche und englische Wörter vergleichen / zuordnen, einen englischen Liedtext lesen und nachspielen (S. 42); einen Übungssatz untersuchen; einfache englische Wörter zuordnen (S. 46)	Strategie „Wörter ableiten": zu Wörtern mit Ä/ä und Äu/äu verwandte Wörter mit A/a und Au/au finden (S. 43); **Wörter mit ie** und **Wörter mit kurzem i** richtig aufschreiben, langen und kurzen i-Laut unterscheiden (S. 44); **Wörter mit ß** richtig schreiben / einsetzen; Rechtschreibgespräch: über die Schreibung von „Gruß" und „Kuss" sprechen (S. 45); einen Übungstext abschreiben; Lernwörter üben: am Computer abtippen (S. 46)
wörtliche Rede kennenlernen: Texte mit Redezeichen aufschreiben, Redebegleitsätze markieren / einsetzen; **Pronomen** kennenlernen: Nomen durch Pronomen ersetzen, Pronomen in einen Text einsetzen (S. 54); Verben mit **vorangestellten Wortbausteinen / Vorsilben** abschreiben / bilden / in einen Text einsetzen (S. 55); einen Übungssatz untersuchen; Gemeinsamkeiten und Unterschiede von Sprachen entdecken (S. 58)	Strategie „Wörter verlängern": Verben mit b/p und g/k am Wortstammende verlängern / mit der Grundform aufschreiben, Sätze zu Bildern schreiben (S. 56); Strategie „Merkwörter": Merkwörter mit V/v nach der Aussprache ordnen / Sätze schreiben (S. 57); einen Übungstext abschreiben und die Redezeichen einsetzen; Lernwörter üben: mehrfach aufschreiben (S. 58)
Gegenwart und Vergangenheit kennenlernen: Verben im Präteritum und im Präsens aufschreiben / ordnen; unregelmäßige Verben (Verb + Nomen) erkennen, zerlegen, zusammensetzen (S. 77); eigene Sätze im Präteritum schreiben (S. 65); einen Übungssatz untersuchen; den Wortschatz erweitern: über die Bedeutung von veralteten Wörtern sprechen (S. 70)	**Wörter mit ck und tz** richtig schreiben; den kurzen Selbstlaut vor ck und tz erkennen; (S. 66/67); **ordnen und nachschlagen:** Wörter nach dem 2. und 3. Buchstaben ordnen, Haupt- und Nebeneinträge kennenlernen (S. 68); Strategie „Merkwörter": Merkwörter mit **stummem h** richtig schreiben; den langen Selbstlaut vor dem stummen h erkennen (S. 69); einen Übungstext abschreiben; Lernwörter üben: sich diktieren lassen (S. 70)
zusammengesetzte Nomen (Nomen + Nomen) erkennen, zerlegen, zusammensetzen, Fugen-Buchstaben kennenlernen (S. 76); **zusammengesetzte Nomen** (Verb + Nomen) erkennen, zerlegen, zusammensetzen (S. 77); **Adjektive: Grundform und Vergleichsstufen** kennenlernen, regelmäßige und unregelmäßige Adjektive steigern / zuordnen / einsetzen (S. 78/79); einen Übungssatz untersuchen; Gemeinsamkeiten und Unterschiede von Dialekten entdecken (S. 82)	Strategie „Wörter großschreiben": Nomen großschreiben (S. 76/77); **ordnen und nachschlagen:** zusammengesetzte Nomen in der Wörterliste finden; Adjektive und Verben in der Grundform nachschlagen (S 80); **Rechtschreib-Strategien anwenden:** Schreibungen mit Hilfe der fünf Strategien erklären (S. 81); einen Übungstext abschreiben und die Satzanfänge überarbeiten; Lernwörter üben: im Wörterbuch nachschlagen (S. 82)
Satzglieder: **Subjekt** und **Prädikat** kennenlernen, Subjekt und Prädikat einsetzen / markieren / erkennen (S. 88/89); **zusammengesetzte Adjektive** bilden / aufschreiben (S. 90); einen Übungssatz untersuchen; einfache englische Begriffe und Bilder zuordnen (S. 94)	**Worttrennung** am Zeilenende: Trennregeln kennenlernen und beachten (S. 91); Zeichensetzung: **Komma** bei Aufzählungen setzen (S. 92); Strategie „Merkwörter": kleine Merkwörter üben, u. a. Konjunktionen und Pronomen (ihr, ihnen, ihm) (S. 93); einen Übungstext abschreiben; Lernwörter üben: Sätze schreiben (S. 94)
wörtliche Rede wiederholen; **nachgestellte Redebegleitsätze** kennenlernen, Texte mit Redezeichen aufschreiben, Redebegleitsätze markieren / einsetzen / schreiben (S. 100/101); **Fremdwörter** untersuchen (S. 102); einen Übungssatz untersuchen; Gemeinsamkeiten und Unterschiede von Sprachen entdecken, die Titel einer Fabel vergleichen (S. 106)	Strategie „Wörter in Silben gliedern": Wörter mit vielen Mitlauten nacheinander (S. 104); **Wörter mit silbentrennendem h** abschreiben / zusammensetzen / zuordnen / finden (S. 104); Strategie „Merkwörter": Merkwörter mit **ai** richtig schreiben / zuordnen / erklären (S. 105); einen Übungstext abschreiben; Lernwörter üben: am Computer schreiben und Silben markieren (S. 106)

Deutsch mit Olli 3 Sprachbuch

Erarbeitet von:	Christine Kröner, Kathrin Lattus, Heidrun Rebenstorff, Alexandra Thiel, Lisa Wegerle, Maike Wilken
Redaktion:	Anna Koltermann
Illustrationen:	**Christian Bartz:** S. 2–116 und Umschlagseiten: alle Illustrationen, außer den nachfolgend aufgeführten: **Petra Eimer:** Papagei Olli auf Umschlagseiten, S. 3, 6, 9, 14–16, 18–21, 25, 26, 28–33, 39–45, 49–53, 55–57, 62–66, 68, 69, 73, 75, 76, 79, 80, 86–92, 97, 99, 100, 102–105, 108, 109, 111–113, 115, 125; **Manuela Ostadal:** Icons S. 108; Rettungsring S. 6, 10, 22, 34, 46, 58, 70, 82, 94, 106, 108; Vignetten Wörterliste S. 116–123
Umschlaggestaltung:	Corinna Babylon und Jule Kienecker, Berlin
Layoutkonzept und technische Umsetzung:	Cornelia Gründer, Corngreen GmbH, Leipzig

www.cornelsen.de

◇ Texte mit diesem Zeichen wurden aus didaktischen Gründen gekürzt oder verändert. Informationen stehen im Textquellenverzeichnis bei den betreffenden Texten.

1. Auflage, 1. Druck 2022

Alle Drucke dieser Auflage sind inhaltlich unverändert und können im Unterricht nebeneinander verwendet werden.

© 2022 Cornelsen Verlag GmbH, Berlin

Das Werk und seine Teile sind urheberrechtlich geschützt. Jede Nutzung in anderen als den gesetzlich zugelassenen Fällen bedarf der vorherigen schriftlichen Einwilligung des Verlages. Hinweis zu §§ 60a, 60b UrhG: Weder das Werk noch seine Teile dürfen ohne eine solche Einwilligung an Schulen oder in Unterrichts- und Lehrmedien (§ 60b Abs. 3 UrhG) vervielfältigt, insbesondere kopiert oder eingescannt, verbreitet oder in ein Netzwerk eingestellt oder sonst öffentlich zugänglich gemacht oder wiedergegeben werden. Dies gilt auch für Intranets von Schulen.

Druck: Mohn Media Mohndruck, Gütersloh

ISBN 978-3-464-80248-9